Andrea Erkert

Im Morgenkreis den Teamgeist wecken

Teamspiele für Kindergartenkinder leicht gemacht

Andrea Erkert

Im Morgenkreis den Teamgeist wecken

Teamspiele für Kindergartenkinder leicht gemacht

verlag modernes lernen

Unser Buchprogramm im Internet: www.verlag-modernes-lernen.de

Externe Links

Der Verlag weist ausdrücklich darauf hin, dass eventuell im Text enthaltene externe Links vom Verlag nur bis zum Zeitpunkt der Buchveröffentlichung eingesehen werden konnten. Auf spätere Veränderungen hat der Verlag keinerlei Einfluss. Eine Haftung des Verlages ist daher ausgeschlossen.

Veröffentlicht in der Edition:
verlag modernes lernen Borgmann GmbH & Co. KG
Schleefstraße 14 · D-44287 Dortmund

Gesamtherstellung in Deutschland: Löer Druck GmbH, Dortmund

Titelillustration: © lisitsa – stock.adobe.com
Schrift: Alegreya Sans

Bestell-Nr. 1321 ISBN 978-3-8080-0890-4

Inhalt

Vorwort

Teamspiele sind voll im Trend und im täglichen Morgenkreis geradezu ideal, um die sozialen Kompetenzen zu fördern und den Teamgeist zu wecken.

Im Kreis gelingt das besonders gut, da alle gleichberechtigt zusammen und gleich weit von der Mitte entfernt sitzen oder stehen. Auf diese Weise können die Kinder sofort motiviert mitmachen, die Reaktion der anderen Mitspieler besonders gut beobachten und die Spielregeln viel leichter nachvollziehen. Durch die Kreisform, die weder einen Anfang noch ein Ende hat, entsteht rasch ein starkes Gemeinschaftsgefühl, das vor allem auch im Hinblick auf die Teamspiele von zentraler Bedeutung ist. Indem die Kinder auf verspielte Weise z. B. gegen ein oder mehrere Team(s) antreten oder einfach miteinander Hand in Hand gegen die Zeit spielen, entwickeln sie nicht nur ein kooperatives Verhalten, sondern auch einen enormen Teamgeist.

Der Morgenkreis ermöglicht jedoch auch, dass einzelne Kinder in die Kreismitte treten und von dort aus stolz ihr Können präsentieren. Die bewundernden Blicke der anderen Kinder tun gut und stärken das Selbstvertrauen von jedem Kind, das gerade im wahrsten Sinne des Wortes im Mittelpunkt steht. Zudem können die Kinder z. B. ganz nah zusammen auf der Kreisbahn stehen und so ihre enge Verbundenheit im Team darstellen. Darüber hinaus können sie den Außenkreis für das eine oder andere Teamspiel verwenden, im Slalom um die einzelnen Stühle im Kreis herum laufen oder einfach einen Innen- und Außenkreis bilden, sodass zwei gleich große Teams entstehen, die dann das gleiche Ziel verfolgen können.

Für die Spielleitung sind Teamspiele im Morgenkreis hervorragend geeignet, um hautnah das kooperative Verhalten der Kinder untereinander zu erleben. Allein schon durch die Spielform im Kreis kann die Spielleitung alle Kinder besonders gut beobachten und, falls nötig, relativ rasch den einzelnen Kindern hilfreich zur Seite stehen. Auf diese Weise können alle Kinder gleich wieder voller Freude mitmachen und dabei jede Menge Spielspaß haben. Indem die Kinder regelmäßig die Teamspiele durchführen, kann daraus bald ein schönes Ritual im Morgenkreis werden, sodass alle gemeinsam fröhlich in den neuen Tag starten und so ganz nebenbei ihre ersten relevanten Teamerfahrungen sammeln können.

„Wie fruchtbar ist der kleinste Kreis, wenn man ihn wohl zu pflegen weiß."

Johann Wolfgang von Goethe (1749–1832), deutscher Dichter und Naturforscher.

Die Teamspiele im Morgenkreis aus diesem Buch

Die Teamspiele aus diesem Buch sind bereits für **Kinder im Alter von 3 bis 6 Jahren** geeignet und kommen, falls überhaupt notwendig, mit solchen Materialien aus, die in jeder Einrichtung bereits vorhanden sein dürften. Die Kinder werden Schritt für Schritt im Morgenkreis, der übrigens nicht nur im Gruppenraum, sondern auch in der Turnhalle oder unter freiem Himmel stattfinden kann, an das, was ein Team ausmacht, spielerisch herangeführt. Ziel ist es, dass die Kinder bei der Durchführung der Teamspiele nicht als einzelnes Individuum für sich kämpfen, sondern sich voller Freude mit all ihren Stärken für eine gemeinsame Sache einsetzen lernen. Auf diese Weise erleben schon jüngere Kinder, dass sie viele Dinge gemeinsam besonders leicht meistern können.

Damit Sie jedoch auf einen Blick die Teamspiele finden, die Sie gerade für Ihre Zielgruppe brauchen, wurden alle Teamspiele ihrem Inhalt entsprechend den sieben Kapiteln zugeteilt. Jedes Kapitel enthält viel Wissenswertes für die Praxis, bevor die dazu passenden zehn Teamspiele mit jeweils einer Spielvariante folgen. Somit stehen Ihnen sage und schreibe **140 praxiserprobte Teamspiele** zur Verfügung, die Sie jederzeit gemeinsam mit den Kindern durchführen können.

Dadurch, dass die Teamspiele aus diesem Buch mit mehreren Kindern möglich sind, können alle Kinder sofort mitmachen und dabei jede Menge Spielspaß haben. Auf diese Weise können die Kinder als Gruppe relativ schnell und leicht zusammenwachsen. Für eine rasche Übersicht finden Sie bei jeder Spielidee eine empfohlene Altersangabe als Orientierungshilfe und, falls erforderlich, die Angaben zu den Materialien. Zudem werden Angaben zur Sozialform und zum Zeitaufwand gemacht. Nicht zuletzt finden Sie vor jedem Teamspiel den dazugehörigen Schwerpunkt, der Ihnen darüber Auskunft gibt, welche Kompetenzen im besonderen Maße gefördert werden.

Und nun wünsche ich Ihnen und vor allem den Kindern viel Freude mit den vorliegenden Teamspielen, bei denen sich alles in erster Linie um das gute Miteinander und den Teamgeist dreht.

Ihre Andrea Erkert

„Verbunden werden auch die Schwachen mächtig."

Friedrich von Schiller (1759–1805), deutscher Arzt, Dichter, Philosoph und Historiker

Quelle: Schiller, Wilhelm Tell, 1 Akt., 3. Szene, Stauffacher

Willkommen in unserem Team

Morgenkreisspiele für einen gelungen Start im (neuen) Team

Im Morgenkreis können die Kinder vom Platz aus besonders schnell feststellen, wer von ihnen heute Morgen anwesend ist oder nicht. Sie sitzen oder stehen zusammen im Kreis, sodass relativ schnell ein Zugehörigkeits- und Gemeinschaftsgefühl entsteht. Auf diese Weise lassen sich auch neue Kinder einfach in die Gruppe integrieren oder mehrere Kinder, die einander noch völlig fremd sind, rasch zu einer Gruppe zusammenführen. Nicht zuletzt können die Kinder über das übliche „Hallo!" sagen hinaus besonders schön auf das Kommende und somit auch auf die weiteren Teamspiele aus diesem Buch eingestimmt werden.
In diesem Kapitel werden jede Menge Kreisspiele in Bezug auf einen gelungenen Start in den neuen Tag vorgestellt. Sie fördern das vertrauensvolle Miteinander und zeigen, wie Kinder spielerisch ihre momentane Stimmung verbalisieren können. Bei der sogenannten Blitzlicht-Methode oder Blitzlicht-Runde spricht jedes Kind, falls es möchte, nur über sich und benutzt möglichst das Wort „Ich" statt „man". Für eine im Blitzlicht unerfahrene Gruppe kann es hilfreich sein, wenn Sie einen Satzanfang vorgeben, indem Sie z. B. sagen „Ich fühle mich heute ...!" oder „Ich bin gerade ...!". Die Kinder können dann der Reihe nach den Satzanfang wiederholen und mit ihren eigenen Worten ergänzen. Alle übrigen Kinder hören aufmerksam zu, ohne dass sie sich zu den einzelnen Aussagen äußern. Bewährt hat sich dabei ein kleiner Gegenstand, den dasjenige Kind, das gerade das Wort hat, für alle gut sichtbar in der Hand hält. Das kann z. B. ein schön bemalter Stein oder ein Mini-Softball sein. Unabhängig davon, ist es für jede Spielleitung eine sehr hilfreiche Methode, um einen schnellen Überblick über das Stimmungsbild in der Gruppe zu erhalten und somit auch, falls nötig, den Kindern mit Rat und Tat zur Seite zu stehen. Indem die Kinder den Kopf wieder frei bekommen, können sie sich natürlich auch viel leichter auf die nachfolgenden Teamspielen einlassen.

„Es gibt Augenblicke, in denen eine Rose wichtiger ist als ein Stück Brot."

Rainer Maria Rilke (1875–1926), österreichischer Lyriker deutscher und französischer Sprache

Hallo! Wir sind ein Team

Alter: ab 4 Jahren

Material: –

Sozialform: Klein- oder Großgruppe

Zeitaufwand: 2–3 Minuten

Schwerpunkt: Visuelle und taktile Wahrnehmung, Kommunikation und Zugehörigkeitsgefühl

Spielverlauf:

Die Kinder sitzen nah zusammen im Stuhlkreis.
Eines der Kinder beginnt und gibt demjenigen Kind, das links neben ihm auf der Kreisbahn sitzt, die Hand. Dabei sagt die Gruppe laut:

„Herzlich willkommen, liebe(r) ... (Vornamen des Kindes einsetzen) im Morgenkreis.
Du gehörst in unser Team, wie jeder von uns weiß."

Das betreffende Kind darf nun genauso dasjenige Kind, das links neben ihm im Stuhlkreis sitzt begrüßen.
Auf diese Weise geht's immer weiter, bis alle Kinder Hand in Hand im Stuhlkreis beisammen sitzen.
Am Ende heißt die Spielleitung die Gruppe herzlich willkommen.

Variante:

Die Kinder sitzen nah zusammen im Kreis. Auf ein Kommando der Spielleitung hin bilden alle einen geschlossenen Kreis. Dabei sagt die Spielleitung laut:

„Guten Morgen hier im geschlossenen Kreis.
Wir halten im Team zusammen, wie jeder weiß!"

Auf Anweisung der Spielleitung hin lassen sich alle gegenseitig wieder los und applaudieren vor Freude ganz laut.

Indem die Kinder einen geschlossenen Kreis bilden, fühlt sich niemand ausgeschlossen, sodass sofort ein Gemeinschaftsgefühl entsteht.

Herzlich willkommen im Team

Alter: ab 5 Jahren

Material: 4 kleine Steine, Stifte

Sozialform: Kleingruppe; evtl. Großgruppe

Zeitaufwand: 2–3 Minuten

Schwerpunkt: Visuelle Wahrnehmung, Geduld, Kommunikation und Zugehörigkeitsgefühl

Vorbereitung:
Die Spielleitung schreibt auf vier Steine „Herzlich willkommen im Team".

Spielverlauf:
Eines der Kinder erhält von der Spielleitung den Stein, auf dem „Willkommen" steht. Es geht in Richtung Innenkreis direkt zu einem Kind, das im Stuhlkreis sitzt. Es bleibt vor dem Kind stehen, übergibt ihm den Stein und reicht ihm zur Begrüßung die Hand. Dabei sagt es laut:

„Hallo ...! (Vornamen des Kindes einsetzen) Herzlich willkommen im Team!
Was wünschst du dir heute?"

Das betreffende Kind bedankt sich und teilt ihm mit, was es sich in Bezug auf die nachfolgenden Teamspiele im Morgenkreis wünscht. Es kann z. B. antworten: „Ich wünsche mir, dass wir alle gut miteinander auskommen!" Die beiden Kinder tauschen dann ihre Plätze. Dasjenige Kind, das jetzt im Innenkreis steht, geht nun auf ein weiteres Kind im Stuhlkreis zu, das es mithilfe des Steins begrüßt und befragt. Das Spiel wird so lange fortgesetzt, bis alle Kinder herzlich im Team aufgenommen wurden und ihre Wünsche äußern konnten.
Das letzte Kind in der Runde legt den Stein schließlich in die Kreismitte. Die Spielleitung fügt die anderen hinzu, sodass sie den Satz „Herzlich willkommen im Team" den Kindern laut zur Begrüßung vorlesen kann.

Für Kinder ist es besonders schön, wenn sie auf verspielte Weise in der Runde herzlich aufgenommen werden. Dabei entsteht relativ schnell ein Zugehörigkeitsgefühl, sodass sich jedes Kind von Anfang an bei weitem mehr als wohl fühlen kann.

Variante:
Im Gegensatz zu dem o. g. Spiel wandert der Stein von Hand zu Hand im Uhrzeigersinn herum. Ansonsten verläuft alles so wie oben beschrieben.

Es läuft sofort rund

Alter: ab 5 Jahren

Material: 1 Gymnastikball

Sozialform: Klein- oder Großgruppe

Zeitaufwand: 3–5 Minuten

Schwerpunkt: Visuelle Wahrnehmung, Kommunikation, Geduld, Ausdauer und Wir-Gefühl

Spielverlauf:

Die Kinder bilden einen engen Kreis.

Eines von ihnen wird von der Spielleitung herzlich begrüßt. Es erhält von ihr einen Gymnastikball und somit das Wort. Das Kind darf sagen, wie es sich heute Morgen fühlt. Dabei kann die Spielleitung den Satzanfang, wie z. B. „Es geht mir heute Morgen ...!“ oder „Ich bin heute ...!“ vorgeben, den das Kind entsprechend seiner Befindlichkeit ergänzen darf. Sollte sich jedoch ein Kind nicht dazu äußern wollen, darf es den Gymnastikball sofort demjenigen Kind, das links neben ihm auf der Kreisbahn steht, mit einem einfachen „Hallo!“ oder „Guten Morgen!“ übergeben, das dann sofort das Wort hat.

Das Spiel ist aus, sobald alle Kinder nacheinander im Kreis den Gymnastikball erhalten haben und somit auch Gelegenheit hatten, den Satz zu vervollständigen.

Variante:

Das Spiel verläuft so ähnlich wie im vorherigen Spiel beschrieben, jedoch dürfen die Kinder sich nun den Gymnastikball gegenseitig nach Herzenslust zurollen. Dabei hat dann immer dasjenige Kind das Wort, das den Ball von einem anderen gerade bekommen hat.

Hinweis:

Bitte planen Sie im Anschluss daran noch etwas Zeit ein, falls es dem einen oder anderen Kind gerade nicht so gut gehen sollte. Ein offenes Ohr und ein paar trostspendende Worte können manchmal Wunder bewirken, sodass sich die betreffenden Kinder bald wieder besser fühlen und somit auch leichter auf die nachfolgenden Teamspiele einlassen können. Das betrifft übrigens auch alle anderen

Ein Ball ist hervorragend geeignet, um allen zu zeigen, wer gerade an der Reihe ist und somit das Wort hat. Umso großer der Ball Ist, desto behutsamer erfolgt die Ballübergabe, sodass die Kinder wesentlich konzentrierter und aufmerksamer bei der Sache sind.

Spiele, bei denen die Kinder sich über ihre momentane Stimmung äußern und so etwas über sich preisgeben.

Unser roter Faden

Alter: ab 5 Jahren

Material: 1 roter Wollknäuel; evtl. 1 rotes Rundtau oder mehrere rote Gymnastikseile und für jedes Kind 1 Teppichfliesen

Sozialform: Kleingruppe

Zeitaufwand: 3–5 Minuten

Schwerpunkt: Visuelle Wahrnehmung, Motorik, Kommunikation, Geduld, Ausdauer und Wir-Gefühl

Spielverlauf:
Ein beliebiges Kind holt sich einen roten Wollknäuel und setzt sich zu den übrigen Kindern in den Stuhlkreis.
Es begrüßt die Gruppe und teilt mit, was es sich hinsichtlich der nachfolgenden Teamspiele im Morgenkreis wünschen würde. Das kann z. B. Fair Play, voller Einsatz oder einfach viel Spielspaß sein. Es wickelt dann ein Stück Faden vom Knäuel ab, den es locker gespannt festhält. Das Wollknäuel überreicht es entweder seinem linken oder rechten Nachbarkind, das nun das Wort hat und der Gruppe seine Wünsche in Bezug auf die anstehenden Teamspiele im Morgenkreis mitteilen darf. Danach wickelt das zweite Kind ebenfalls ein Stück Faden ab. Den Faden hält es auch locker gespannt fest und überreicht dann das Knäuel seinem Nachbarskind.
Auf diese Weise wird das Spiel so lange fortgesetzt, bis das Ausgangskind wieder den Knäuel erhält und somit ein geschlossener roter Fadenkreis entsteht, der die Verbundenheit in der Gruppe demonstriert, die die Kinder vor allem auch bei Teamspielen brauchen.

Variante:
Die Spielleitung legt ein rotes Rundtau auf den Boden, um das sich alle Kinder im Schneidersitz auf jeweils eine Teppichfliese setzen. Alternativ kann sie auch mehrere rote Gymnastikseile miteinander verknoten.
Die Kinder, die sich äußern wollen, melden sich per Handzeichen. Immer dasjenige Kind, das die Spielleitung gerade namentlich aufruft, erhält das Wort und hält dann das Rundtau bis zum Spielende mit beiden Händen fest.

Ein roter Faden unterstützt die Kinder darin, das gemeinsame Ziel nicht aus den Augen zu verlieren. Mithilfe eines roten Fadens kann das spielerisch im Morgenkreis verdeutlicht werden, der alle ohnehin miteinander verbindet und auf das gute Miteinander hinweist.

Am Schluss stehen alle Kinder auf und bilden mithilfe des Rundtaus einen geschlossenen Stehkreis. Die Spielleitung begrüßt die Kinder herzlich und lädt sie dann z. B. zu ein paar Teamspielen aus diesem Buch ein.

Komm in unseren Kreis

Alter: ab 3 Jahren

Material: 1 Klangschale, ein paar verschiedenfarbige Chiffontücher

Sozialform: Klein- oder Großgruppe

Zeitaufwand: 3–5 Minuten

Schwerpunkt: Visuelle Wahrnehmung, Kommunikation, Geduld, Ausdauer, Zugehörigkeits- und Gemeinschaftsgefühl

Vorbereitung:
Die Spielleitung gestaltet eine schöne Kreismitte, indem sie ein paar verschiedenfarbige Chiffontücher ausbreitet, auf die sie eine Klangschale platziert.

Spielverlauf:
Die Kinder stellen sich direkt hinter ihren Stühlen im Außenkreis auf.
Die Spielleitung schlägt die Klangschale in der Kreismitte an und begrüßt ein beliebiges Kind herzlich in der Runde. Das betreffende Kind geht in den Innenkreis, um sich auf seinen Stuhl zu setzen. Danach schlägt die Spielleitung erneut die Klangschale an. Das bereits aufgerufene Kind begrüßt ein weiteres Kind, das sich ebenfalls in den Innenkreis begeben und sich auf seinen Stuhl setzen darf.
Das Spiel mit der Klangschale geht so immer weiter, bis alle Kinder im Stuhlkreis sitzen. Die Spielleitung bittet alle Kinder, sich gegenseitig die Hände zu geben, die so dann auch Hand in Hand das eine oder andere Teamspiel im Morgenkreis aus diesem Buch durchführen dürfen.

Variante:
Alle Kinder sitzen zusammen im Morgenkreis. Die Spielleitung begrüßt rasch der Reihe nach die einzelnen Kinder, die sich dann genauso schnell hinter ihrem Stuhl hinstellen dürfen. Erst wenn alle Kinder im Außenkreis stehen, geben sie sich gegenseitig die Hände und rufen laut:

„Wir sind ein tolles Team hier im Kreis
und verfolgen unsere Ziele stets leis'!"

Mithilfe eines warmen Klangs begrüßt und im Team aufgenommen zu werden, ist wohltuend und entspannend zugleich. Auf diese Weise können alle Kinder im Morgenkreis gemeinsam in aller Ruhe in den neuen Tag starten.

Hallo! Du bist dabei!

Alter: ab 3 Jahren

Material: 1 DIN-A5-Tonpapier in Rot, 1 Schere, 1 Stift, 1 Ocean-Drum oder 1 Handtrommel

Sozialform: Kleingruppe

Zeitaufwand: 2–3 Minuten

Schwerpunkt: Visuelle Wahrnehmung, Geduld, Ausdauer, Reaktion, Kommunikation, Zugehörigkeits- und Gemeinschaftsgefühl

Vorbereitung:
Die Spielleitung zeichnet auf das rote Tonpapier ein Herz, auf das sie den Satz „Du bist dabei!“ schreibt. Das Herz schneidet sie aus.

Spielverlauf:
Die Kinder stehen zusammen in einem großzügigen Kreis und werden von der Spielleitung begrüßt.
Eines von ihnen bekommt von der Spielleitung das Herz, das es demjenigen Kind überreicht, das links neben ihm sitzt. Dabei sagt es laut „Du bist dabei!“. Die Aussage wird dann durch die Spielleitung bekräftigt, indem sie einmal kräftig trommelt und sozusagen einen Punkt setzt. Danach darf dasjenige Kind, das nun an der Reihe ist, das Herz auf die gleiche Weise seinem linken Nachbarskind überreichen. Im Anschluss daran erfolgt erneut eine kräftiger Trommelschlag durch die Spielleitung.
Erst wenn alle Kinder nacheinander im Uhrzeigersinn begrüßt wurden, geben sich alle gegenseitig die Hände und sagen laut:

„Wir sind ein tolles Team!“

Am Schluss kann die Spielleitung die Ocean-Drum kreisförmig bewegen oder einfach einen kräftigen Trommelwirbel machen.

Variante:
Alle Kinder stehen direkt vor ihren Stühlen im Außenkreis.

Ein gebasteltes Herz, das zur Begrüßung im Morgenkreis weitergereicht wird, ist etwas ganz Besonderes. Auf diese Weise wird es den Kindern relativ schnell warm ums Herz, sodass sich alle rundherum mehr als wohlfühlen.

Die Spielleitung beginnt und geht auf irgendein Kind zu, um das Herz aus Papier mit den o. g. Worten zu übergeben. Das betreffende Kind überreicht dann das Herz aus Papier auf die gleiche Weise einem anderen Kind. Danach setzt sich das erste Kind in den Stuhlkreis.

Es geht so immer weiter, bis alle Kinder im Stuhlkreis zusammen sitzen. Die Kinder geben sich gegenseitig die Hände und sagen laut den letzten Satz des vorigen Spiels.

Raketenstart

Alter: ab 4 Jahren

Material: 1 kleiner runder Tisch

Sozialform: Kleingruppe

Zeitaufwand: 2–3 Minuten

Schwerpunkt: Visuelle und taktile Wahrnehmung, Konzentration, Geduld, Ausdauer, Kommunikation, Zugehörigkeits- und Gemeinschaftsgefühl

Spielverlauf:
Die Kinder sitzen oder stehen beisammen Kreis, in dessen Mitte die Spielleitung einen kleinen runden Tisch platziert.
Die Spielleitung spricht leise die einzelnen Kinder mit ihrem Vornamen an, die sie herzlich begrüßt und im Team willkommen heißt. Dabei darf immer dasjenige Kind, das soeben seinen Vornamen gehört hat, sich in aller Ruhe vor den kleinen Tisch hinknien.
Sobald jedoch alle Kinder dort eingetroffen sind, legen sie ihre Hände auf der Tischplatte aufeinander und sagen laut:

„Wir halten zusammen!“

Am Schluss lassen sie eine „Rakete“ steigen, indem sie auf ein Kommando der Spielleitung hin die Arme ruckartig in die Luft strecken und dabei laut grölen.

Variante:
Die Kinder knien sofort um den runden Tisch herum und legen im Uhrzeigersinn ihre Hände auf der Tischplatte aufeinander. Sobald jedoch ein Kind seine Hand auf die eines anderen legt, sagen sie laut „Hallo!“. Anschließend steigt auf ein Kommando der Spielleitung hin die „Rakete“, indem die Kinder, ausgehend von der obersten Hand, der Reihe nach ihre Hände weit nach oben in die Luft strecken und parallel dazu aufstehen.
Erst wenn alle Kinder im Kreis beisammen stehen, ist das Spiel beendet.

Indem die Kinder ihre Hände aufeinander legen, nehmen sie sich nicht nur gegenseitig intensiv wahr, sondern zeigen so auch, dass sie füreinander da sind und sich gegenseitig unterstützen.

Geht es dir gut?

Alter: ab 5 Jahren

Material: 1 kleiner Schubkarren, für jedes Kind 1 kleiner Stein

Sozialform: Kleingruppe

Zeitaufwand: 2–3 Minuten

Schwerpunkt: Visuelle und taktile Wahrnehmung, Geduld, Ausdauer, Konzentration, Kommunikation und Wir-Gefühl

Vorbereitung:
Die Spielleitung stellt einen kleinen Schubkarren in die Kreismitte, auf dessen Ladefläche sie die Steine kreisförmig platziert.

Spielverlauf:
Sie begrüßt die Kinder im Stuhlkreis und bittet ein beliebiges Kind, sich einen Stein zu holen. Das Kind setzt sich wieder auf seinen Platz zurück und teilt von dort aus der Gruppe mit, wie es ihm heute geht. Die übrigen Kinder hören aufmerksam zu und können, falls es dem Kind gerade nicht so gut geht, auch Trost spenden, indem sie ihm mit Rat und Tat zur Seite stehen oder es einfach umarmen.
Unabhängig davon ruft das Kind dann ein weiteres Kind namentlich auf, das sich ebenfalls einen Stein aussuchen und über seine momentane Stimmung Auskunft geben kann.
Auf diese Weise geht es immer weiter, bis alle Kinder jeweils einen Stein in den Händen halten und sich dazu äußern konnten.

Variante:
Im Gegensatz zu dem vorherigen Spiel dürfen die Kinder sich nun der Reihe nach jeweils einen Stein holen und vom Platz aus etwas benennen, das sie sich in Bezug auf die Teamspiele wünschen. Sind die übrigen Kinder damit einverstanden, heben sie ihren Daumen hoch.
Sobald jedoch jedes Kind einen Stein in den Händen hält, sagt die Spielleitung laut:

„Ich wünsche mir nicht nur heute!
Ein richtig tolles Team, liebe Leute!“

Indem sich jedes Kind einen kleinen Stein aussucht und dabei seine momentane Stimmung preisgibt oder gar seine Vorstellungen und Wünsche äußert, wissen alle von Anfang an, wie es den einzelnen Kindern gerade geht und welche Erwartungen sie vielleicht haben, die natürlich auch unrealistisch sein und für Gesprächsstoff sorgen können.

Zusammenstehen

Alter: ab 3 Jahren

Material: 1 Klangschale

Sozialform: Klein- oder Großgruppe

Zeitaufwand: 2–3 Minuten

Schwerpunkt: Visuelle, auditive und taktile Wahrnehmung, Kommunikation, Reaktion, Zugehörigkeits- und Gemeinschaftsgefühl

Spielverlauf:
Alle Kinder sitzen zusammen im Kreis.
Während nun die Spielleitung die Klangschale anschlägt, heißt sie ein beliebiges Kind herzlich willkommen. Das betreffende Kind stellt sich in die Kreismitte und wartet ab, bis die Spielleitung auf die gleiche Weise ein weiteres Kind begrüßt, das sich dann zu ihm begibt.
Auf diese Weise kommen die übrigen Kinder der Reihe nach hinzu, die sich schließlich umarmen. Dabei kann die Spielleitung die Kinder darauf hinweisen, dass sie einen solchen Zusammenhalt auch bei Teamspielen, die im Anschluss daran im Morgenkreis folgen können, gut gebrauchen können.

Variante:
Die Kinder stehen nah beisammen und umarmen sich gegenseitig. Die Spielleitung begrüßt die Gruppe, die den Gruß erwidert und dabei sogar noch etwas näher zusammenrückt. Währenddessen sagen sie laut:

„Wir stehen zusammen von Anfang an.
So stark sind wir als Team auch dann!“

Anschließend machen alle einen großen Schritt rückwärts, heben ihre Arme weit nach oben in die Luft und jubeln dabei vor Freude.

Während die Kinder sich gegenseitig umarmen, erleben sie hautnah, dass sie gemeinsam viel stärker sind und somit viel mehr erreichen können.

Wie ein Blumenstrauß

Alter: ab 3 Jahren

Material: 1 Klangschale; evtl. 1 Blumenstrauß und 1 Blumenvase

Sozialform: Klein- oder Großgruppe

Zeitaufwand: 3–5 Minuten

Schwerpunkt: Visuelle und taktile Wahrnehmung, Kommunikation, Geduld, Ausdauer, Zugehörigkeits- und Gemeinschaftsgefühl

Vorbereitung:
Die Spielleitung kann die Kreismitte schön gestalten, indem sie einen Blumenstrauß in eine Vase stellt und diese dann in der Kreismitte platziert, der dann hervorragend zu dem unten aufgeführten Spiel passt.

Spielverlauf:
Die Kinder knien sich auf die Kreisbahn hin und falten ihre Hände.
Sobald jedoch die Spielleitung die Klangschale erklingen lässt, öffnen die Kinder ihre Hände leicht, sodass eine imaginäre Blüte zu sehen ist. Dabei stehen sie langsam auf. Stehen alle Kinder zusammen im Kreis, geben sie sich gegenseitig die Hände. Dabei sagt die Spielleitung laut:

*„So wie ein bunter Blumenstrauß, möchte ich euch gemeinsam sehen.
Als Team sollt ihr dann auch vielseitig sein und zusammenstehen."*

Im Anschluss daran kann das eine oder andere Teamspiel aus diesem Buch folgen, zu dem die Spielleitung die Kinder nun herzlich einladen kann.

Variante:
Die Kinder knien sich auf der Kreisbahn hin und halten direkt vor ihrer Brust beide Hände aufeinander.
Eines der Kinder, das die Spielleitung namentlich im Team begrüßt, steht langsam auf und öffnet dabei seine Hände. Auf die gleiche Weise begrüßt die Spielleitung auch nacheinander die übrigen Kinder.

Eine Blume für sich allein sieht schon schön aus und ist einzigartig. Ein bunter Blumenstrauß ist jedoch nicht nur besonders beeindruckend, sondern zeigt auch eine Vielfalt an Möglichkeiten, die es auch in jedem starken Team gibt.

Erst wenn alle Kinder zusammen im Kreis stehen, geben sie sich gegenseitig die Hände, um zu zeigen, dass sie ein Team bilden, das fest zusammenhält. Dabei kann die Spielleitung, falls vorhanden, auf den gebundenen Blumenstrauß hinweisen, bei dem jedes Kind so wie jede Blume ein Teil des Ganzen ist.

Teams bilden und in Bewegung bringen

Jetzt aber aufgewacht! Im Kreis wird mitgemacht!

Ruckzuck ein Team oder gar mehrere Teams zusammenzustellen, um möglichst schnell anfangen zu können, kommt insbesondere jüngeren Kindern sehr entgegen, denn umso länger die Teamfindung dauert, desto uninteressanter wird ein noch so geniales in Aussicht gestelltes Teamspiel. Besonders gut gelingt das Ganze, wenn Sie sofort das eine oder andere Kreisspiel zur Teamfindung parat haben, bei dem die Kinder ohne lange zu fackeln ihre Teams bilden. Derartige Praxisideen helfen selbst Kindern, die noch müde oder einfach schlecht gelaunt sind, schnell wieder fit und munter zu werden und sich auf die bevorstehenden Teamspiele zu freuen.

In diesem Kapitel werden nun vielseitige Kreisspiele vorgestellt, die es den Kindern geradezu leicht machen, besonders rasch ein oder gar mehrere Team(s) zu bilden. Im Anschluss daran wird gezeigt, wie die Kinder als Team bereits früh am Morgen in Schwung und Bewegung kommen können. Dabei spielt es keine Rolle, ob die Kinder im Morgenkreis sitzen oder stehen, denn selbst die Teamspiele, die dann im Stuhlkreis durchgeführt werden, haben absolut nichts mit starren Herumsitzen zu tun. Vielmehr wird ein breites Spektrum an bewegungsintensiven Spielideen vorgestellt, die u. a. auch die Bewegungsfreude, das körperliche Wohlbefinden und die Aufnahmebereitschaft fördern. Nicht zuletzt tragen die Praxisideen dazu bei, dass die Kinder sich voller Freude am Spielgeschehen beteiligen und somit in hohem Maße sich sofort für ihr Team einsetzen.

„Man ist nicht bloß ein einzelner Mensch, man gehört einem Ganzen an.“

Theodor Fontane (1819–1898), deutscher Schriftsteller, Journalist und Kritiker

Ruckzuck im Kreis herum

Alter: ab 4 Jahren

Material: 1 Handtrommel

Sozialform: Klein- oder Großgruppe, gerade Anzahl

Zeitaufwand: 2–3 Minuten

Schwerpunkt: Visuelle und auditive Wahrnehmung, Reaktion, Schnelligkeit und Gruppenfindung

Spielverlauf:
Die Kinder stehen Hand in Hand hinter ihren Stühlen im Außenkreis.
Zum Rhythmus des Trommelspiels, das durch die Spielleitung erfolgt, laufen alle Kinder im geschlossenen Kreis so lange im Uhrzeigersinn herum, bis das Trommeln verstummt. Ruckzuck geht's dann für jedes Kind in Richtung Innenkreis. Danach suchen sich alle rasch jeweils einen freien Platz aus.
Die Spielleitung wählt nun zwei Teams aus, indem sie auf jedes zweite Kind im Stuhlkreis deutet. Die betreffenden Kinder stellen sich vor ihren Stühlen im Kreis auf und bilden ein Team. Alle übrigen Kinder, die im Stuhlkreis sitzen, befinden sich im zweiten Team.

Variante:
Alle Kinder laufen im Takt zum Trommelspiel, das durch die Spielleitung erfolgt, kreuz und quer im Innenkreis herum. Sobald jedoch das Trommeln verstummt, laufen alle in Richtung Außenkreis und stellen sich direkt hinter einen Stuhl hin. Danach bildet die Spielleitung so wie oben beschrieben zwei gleich große Teams. Allerdings setzt sich dann jedes zweite Kind, auf das die Spielleitung deutet, in den Stuhlkreis. Alle übrigen Kinder, die dann noch vor ihren Stühlen stehen, befinden sich im zweiten Team.

Indem die Kinder nicht sofort wissen, in welches Team sie zufällig eingeteilt werden, bleibt das Ganze bis zum Schluss spannend und interessant zugleich.

Von Kopf bis Fuß

Alter: ab 5 Jahren

Material: –

Sozialform: Klein- oder Großgruppe

Zeitaufwand: 1–2 Minuten

Schwerpunkt: Visuelle und taktile Wahrnehmung, Kommunikation und Wir-Gefühl

Spielverlauf:

Die Kinder bilden einen engen Stuhlkreis und machen es sich auf ihren Stühlen bequem. Die Spielleitung macht den Kindern nun bewusst, dass sie, so wie sie gerade zusammen im Stuhlkreis sitzen, ein Team bilden. Wissen eigentlich alle Kinder, wer sich in ihrem Team befindet?
Während nun ein beliebiges Kind seine Beine in Richtung Innenkreis streckt, sagt die Gruppe laut:

„... *(Vornamen des betreffenden Kindes einsetzen)* ist in unserem Team!“

Danach tut es ihm dasjenige Kind gleich, das links neben dem ersten Kind im Stuhlkreis sitzt. Sobald das Kind seine Beine ebenfalls in Richtung Kreismitte streckt, wiederholt die Gruppe den Satz und benennt dabei den Vornamen des betreffenden Kindes.
Auf diese Weise geht's immer weiter, bis alle Kinder namentlich benannt wurden und ihre Beine in Richtung Kreismitte strecken, und zwar so, dass sich alle Füße gegenseitig berühren können.

Variante:

Auf ein Kommando der Spielleitung hin strecken alle Kinder ihre Beine in Richtung Kreismitte aus. Dabei ruft die Gruppe laut:

„Zeigt her eure Füße, ihr lieben Leute.
Wir alle bilden ein starkes Team heute!“

Kinder haben große Freude daran, wenn sie im wahrsten Sinne des Wortes von Kopf bis Fuß miteinander auf verspielte Weise Kontakt aufnehmen und sich so innerlich aufeinander einstellen können.

Farbenfroh starten

Alter: ab 4 Jahren

Material: für jedes Team 1 rundes Faltpapier in einer bestimmten Farbe, 1 Handtrommel

Sozialform: Klein- oder Großgruppe, gerade Anzahl

Zeitaufwand: 2–3 Minuten

Schwerpunkt: Visuelle und auditive Wahrnehmung, Reaktion, Schnelligkeit, Motorik und Gruppenfindung

Spielverlauf:
Die Kinder sitzen zusammen im Stuhlkreis und erhalten von der Spielleitung jeweils ein rundes Faltpapier.
Zu jedem Trommelschlag, der durch die Spielleitung erfolgt, übergibt jedes Kind sein Faltpapier seinem linken Nachbarskind. Je schneller die Spielleitung trommelt, desto mehr Schwung kommt in die Spielrunde. Irgendwann jedoch hört sie zu trommeln auf. Die Kinder heben ihre Faltpapiere in die Luft und bilden im Innenkreis mit denjenigen Kindern ein Team, die gerade ein rundes Faltpapier in der gleichen Farbe haben.

Variante:
Das Spiel verläuft zunächst so wie oben beschrieben. Sobald jedoch die Spielleitung „Stopp! Richtungswechsel!" ruft, wird das Spiel in der entgegengesetzten Kreisrichtung fortgesetzt. Das Hin und Her geht so lange, bis die Spielleitung „Jetzt gilt's!" ruft und dabei den Daumen hochhebt. Daraufhin dürfen alle Kinder mit denjenigen Kindern, die die gleiche Kreisfarbe haben, im Innenkreis ein Team bilden.

Mithilfe von Farben lassen sich spielend leicht verschiedene Teams bilden, die dann sogar nach den Farben benannt werden können. Später kann dann z. B. das rote Team gegen das gelbe Team antreten.

Mein und dein Team

Alter: ab 5 Jahren

Material: 2 × 2–3 Luftballons in jeweils einer bestimmten Farbe, 1 Abspielgerät und Tanzmusik

Sozialform: Großgruppe

Zeitaufwand: 2–3 Minuten

Schwerpunkt: Visuelle und auditive Wahrnehmung, Reaktion, Kommunikation und Gruppenfindung

Spielverlauf:
Je nachdem, wie viele Teams gebildet werden sollen, holen sich zwei bis drei Kinder jeweils einen Luftballon, die sich farblich voneinander unterscheiden.
Die betreffenden Kinder zeigen im Innenkreis kurz ihre Luftballons her, bevor sie sich zu den anderen in den Stuhlkreis setzen. Die Spielleitung holt drei weitere Luftballons, die sich farblich von den vorherigen nicht unterscheiden.
Während nun die Musik läuft, werfen sich die übrigen Kinder gegenseitig die drei Luftballons so lange zu, bis die Musik stoppt. Danach dürfen die drei Kinder, die gerade einen Luftballon in den Händen halten, sich direkt hinter jeweils ein Kind stellen, das einen Luftballon in der gleichen Farben hat.
Die Spielleitung holt dann die Luftballons von denjenigen Kindern, die im Außenkreis stehen. Während sie nun die Musik wieder abspielt, dürfen die übrigen Kinder, die noch zusammen im Stuhlkreis sitzen, sich gegenseitig die Luftballons wieder so lange zuwerfen, bis erneut die Musik stoppt.
Auf diese Weise geht's immer weiter, bis alle Kinder hinter jeweils einem der drei Kinder stehen, die jeweils einen Luftballon in ihrer eigenen Farbe haben.

Variante:
Die Kinder bilden zusammen ein Team. Damit jedoch die Kinder genau wissen, wer zu ihrem Team gehört, werfen sich sich gegenseitig einen Luftballon so lange zu, bis die Musik stoppt. Dabei rufen sie dann laut:

„... *(Vornamen des betreffenden Kindes einsetzen, das gerade den Luftballon in den Händen hält)* gehört zu unserem Team!“

Mithilfe von einfachen Dingen, wie z. B. Luftballons lassen sich im Handumdrehen und ganz viel Spielspaß besonders leicht mehrere Teams bilden, die dann auf verspielte Weise gegeneinander antreten können.

Das ausgewählte Kind übergibt den Luftballon einem Kind in der Runde und stellt sich dann hinter seinem Stuhl hin. Zum Rhythmus der Musik klatscht das Kind nun in die Hände. Alle übrigen Kinder werfen sich dann den Luftballon so lange zu, bis die Musik wieder stoppt und ein weiteres Kind, das gerade den Luftballon hat, sich hinter seinen Stuhl begibt.
Das Spiel ist aus, sobald alle Kinder im Außenkreis direkt vor ihren Stühlen stehen.

Wer hat keinen Stuhl?

Alter: ab 5 Jahren

Material: 1 Handtrommel; evtl. 1 Abspielgerät und Tanzmusik

Sozialform: Klein- oder Großgruppe, gerade Anzahl

Zeitaufwand: 2–3 Minuten

Schwerpunkt: Visuelle und auditive Wahrnehmung, Reaktion, Schnelligkeit und Paarfindung

Spielverlauf:
Es gibt im Stuhlkreis zwei Stühle weniger als die Anzahl der Kinder.
Zum Rhythmus des Trommelspiels, das durch die Spielleitung erfolgt, laufen alle Kinder im Innenkreis herum. Irgendwann hört die Spielleitung zu trommeln auf. Blitzschnell machen sich alle Kinder auf die Suche nach einem freien Stuhl. Die beiden Kinder, die keinen Sitzplatz finden konnten, bilden ein 2er-Team und setzen sich in den Stuhlkreis.
Danach findet mit den übrigen Kindern eine weitere Spielrunde statt. Sobald jedoch das Trommeln erneut stoppt, macht sich jedes Kind im Innenkreis wieder auf die Suche nach einem freien Stuhl. Die beiden Kinder, die jetzt keine Sitzgelegenheit haben, bilden ein 2er-Team. Sie setzen sich zu den beiden vorherigen Kindern in den Stuhlkreis und beobachten mit ihnen gemeinsam die dritte Spielrunde, bei der wieder zwei Kinder ohne Sitzplatz bleiben.
So geht's immer weiter, bis am Schluss ein 2er-Team übrig bleibt, das sich nun zwei Stühle holt, um sich zu den anderen im Kreis zu gesellen.

Variante:
Alle Kinder klatschen im Takt zur Musik in die Hände. Die Spielleitung dreht die Musik leiser und ruft ganz nach Belieben die einzelnen Kinder namentlich auf, die dann jeweils einen Luftsprung machen. Sobald jedoch alle Kinder an der Reihe gewesen sind, heißt sie die Kinder in der Runde herzlich willkommen, die dann als Team Hand in Hand voller Freude zum Rhythmus der Musik, die die Spielleitung nun wieder lauter aufdreht, im Kreis linksherum laufen.

Mithilfe eines Trommelspiels lassen sich relativ schnell zur Freude der Kinder mehrere 2er-Teams bilden. Darüber hinaus können so auch Teams mit einer größeren Anzahl an Kindern rasch zusammengestellt werden.

Wir bilden ein Team

Alter: ab 4 Jahren

Material: 1 Handtrommel; evtl. 4 Markierungskegel

Sozialform: Kleingruppe

Zeitaufwand: 2–3 Minuten

Schwerpunkt: Visuelle und auditive Wahrnehmung, Kommunikation und Wir-Gefühl

Spielverlauf:
Die Kinder verteilen sich auf einem übersichtlichen Spielfeld, das die Spielleitung mithilfe von vier Markierungskegeln kennzeichnen kann. Eines von ihnen ruft ein anderes namentlich herbei und begrüßt es in seinem Team. Daraufhin ruft das ausgewählte Kind ebenfalls ein weiteres Kind namentlich herbei, um es im Team zu begrüßen. Auf diese Weise kommen die Kinder der Reihe nach hinzu und bilden einen großen Kreis. Während die Spielleitung einmal trommelt, geben sie sich gegenseitig die Hände. Erfolgt ein zweiter Trommelschlag, machen alle einen Riesenschritt in Richtung Kreismitte. Auf diese Weise folgen noch ein paar weitere Trommelschläge, sodass die Kinder bald eng zusammenstehen. In diesem Moment sagen alle laut:

„Wir bilden ein Team und das ist gut.
Wir sind stark und haben viel Mut!“

Variante:
Die Kinder bilden einen geschlossenen großzügigen Kreis. Während nun die Spielleitung die o. g. beiden Sätze sagt und dabei bei jeder Silbe trommelt, hüpfen die Kinder zu jedem Trommelschlag einmal Hand in Hand in Richtung Kreismitte. Dort angekommen, umarmen die Kinder sich gegenseitig und rufen laut:

„Wir sind ein starkes Team!“

Indem die Kinder Schritt für Schritt aufeinander zugehen und einen engen Kreis bilden, entsteht ohne viel Zutun eine miteinander verbundene Gemeinschaft, die dann fest zusammenhält.

Wir machen alles Hand in Hand

Alter: ab 3 Jahren

Material: 1 Handtrommel

Sozialform: Klein- oder Großgruppe

Zeitaufwand: 2–3 Minuten

Schwerpunkt: Visuelle und auditive Wahrnehmung, Kommunikation und Wir-Gefühl

Spielverlauf:
Miteinander bilden die Kinder einen geschlossenen Kreis. Die Spielleitung holt sich eine Trommel und geht im Innenkreis links herum. Sie bleibt vor jedem Kind kurz stehen. Dabei sagt sie laut:

„... *(Vornamen des Kindes einsetzen)* gehört zu unserem Team."

Danach fügt sie laut „Punkt!" hinzu und trommelt dabei kräftig.
Auf diese Weise geht die Spielleitung der Reihe nach auch bei den anderen Kindern vor.
Am Ende machen alle einen großen Schritt in Richtung Kreismitte. Sie legen ihre linke Hand entweder auf oder unter die Hand ihres linken Nachbarkindes. Das Gleiche machen sie mit der rechten Hand auch bei demjenigen Kind, das rechts neben ihnen auf der Kreisbahn steht.
Erst wenn alle im Kreis sich gegenseitig berühren, rufen sie laut:

„Wir sind ein starkes Team! Hurra!"

Dabei strecken sie ruckartig ihre Arme weit nach oben in die Luft.
Anschließend gibt die Spielleitung den Kindern zu verstehen, dass sie nun bei den nachfolgenden Teamspielen gemeinsam an einem Strang ziehen, also miteinander und nicht gegeneinander spielen dürfen.

Variante:
Während die Kinder ohne Handfassung im Kreis stehen, geht die Spielleitung mit der Trommel in der Hand links im Innenkreis herum. Im Gegensatz zu dem o. g.

Im Morgenkreis eng zusammenrücken und dabei ein Team bilden, das tut gut und fördert von Anfang an enorm das Zugehörigkeitsgefühl.

Spiel ruft sie lediglich laut die Vornamen der Kinder der Reihe auf. Die Kinder, die sie namentlich benannt hat, knien sich dann auf den Boden hin.
Im Anschluss daran sagen die Kinder den letzten Satz des vorherigen Spiels. Dabei stampfen sie bei jeder Silbe kräftig mit ihren Füßen auf den Boden.
Am Ende heben sie die Arme weit nach oben in die Luft.

Zwei Teams bilden

Alter: ab 5 Jahren

Material: 1 Rundtau oder 2–3 Gymnastikseile, für jedes Kind 1 Teppichfliese

Sozialform: Klein- oder Großgruppe, gerade Anzahl

Zeitaufwand: 5 Minuten

Schwerpunkt: Visuelle und auditive Wahrnehmung, Motorik, Kommunikation und Gruppenfindung

Vorbereitung:
Die Kinder verwenden für das Spiel ein Rundtau. Die Spielleitung kann jedoch auch zwei bis drei Seile miteinander verknoten. Danach holen sich die Kinder jeweils eine Teppichfliese, die sie allesamt kreisförmig auf den Boden anordnen.

Spielverlauf:
Jedes Kind stellt sich auf seine Fliese hin und hält das Rundtau locker gespannt in den Händen fest. Während nun die Spielleitung die Hälfte der Kinder namentlich aufruft, dürfen die betreffenden Kinder der Reihe nach über das Seil in Richtung Innenkreis steigen und von dort aus das Seil festhalten. Auf diese Weise entsteht eine Gruppe, die das Rundtau festhält und eine weitere, die sich nun im Innenkreis befindet. Daraus ergeben sich zwei gleich große Teams, die dann fest zusammenhalten.

Variante:
Im Gegensatz zu dem o. g. Spiel dürfen die Kinder, die die Spielleitung namentlich aufruft, der Reihe nach unter dem Seil in Richtung Innenkreis krabbeln. Alle übrigen Kinder halten locker gespannt das Seil in den Händen fest. Auf diese Weise entsteht ein Team im Innenkreis und ein weiteres im Außenkreis.

Zwei Teams trotz Hindernis bilden, spornt den Ehrgeiz an und macht den Kindern unglaublich viel Spaß. Spielerisch können die Kinder das mithilfe von einfachen Dingen tun, wie z. B. mit einem Seil.

Stopp! Ich bin dabei!

Alter: ab 5 Jahren

Material: 1 Springseil

Sozialform: Großgruppe, gerade Anzahl

Zeitaufwand: 5 Minuten

Schwerpunkt: Visuelle Wahrnehmung, Motorik und Gruppenbildung

Spielverlauf:
Alle Kinder mit Ausnahme von einem bilden einen Kreis. Dieses Kind hält ein Seilende fest in der Hand und läuft im Innenkreis herum. Dabei sollen die Kinder auf das Seil treten. Dasjenige Kind, dem das gelingt, kniet sich dann auf die Kreisbahn hin. Danach setzt das Kind das Seilspiel mit den übrigen Kindern auf die gleiche Weise fort.
Sobald jedoch die Hälfte der Kinder auf der Kreisbahn kniet, beendet die Spielleitung das Spiel, denn jetzt gibt es zwei Teams, von denen das eine auf dem Boden kniet und das andere auf der Kreisbahn steht.

Variante:
Ein beliebiges Kind zieht im Innenkreis ein Seil links im Kreis herum hinter sich her und stoppt, sobald die Spielleitung einmal trommelt. Dasjenige Kind, das sich jetzt in seiner unmittelbaren Nähe befindet, stellt sich hinter das Kind und nimmt das Seil ebenfalls in die Hand. Zu zweit geht es so lange im Uhrzeigersinn weiter, bis die Spielleitung erneut trommelt.
Das Spiel ist aus, sobald die Hälfte der Kinder das Seil fest in den Händen hält. Die betreffenden Kinder bilden nun ein Team. Die übrigen Kinder befinden sich dann im zweiten Team.

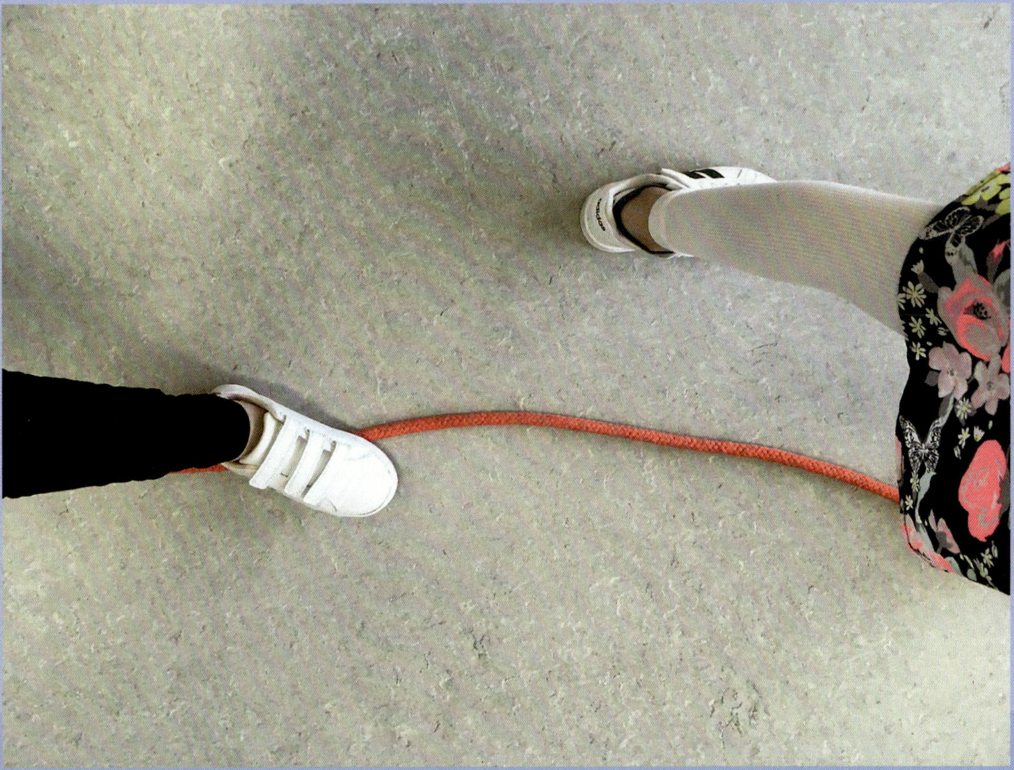

Indem die Kinder einfach auf das Seilende treten, machen sie deutlich, dass sie unbedingt in das Team wollen. Dabei müssen sie sich jedoch schon ein bisschen anstrengen, damit das Vorhaben gelingt.

Daumen hoch! Wir sind ein Team!

Alter: ab 3 Jahren

Material: 1 kleiner Tisch

Sozialform: Kleingruppe

Zeitaufwand: 5 Minuten

Schwerpunkt: Visuelle und auditive Wahrnehmung, Kommunikation, Reaktion, Motorik und Wir-Gefühl

Spielverlauf:

Die Kinder sitzen zusammen im Stuhlkreis, in dessen Mitte die Spielleitung einen kleinen Tisch platziert.

Eines der Kinder beginnt und läuft in Richtung des Tisches. Es kniet sich vor den Tisch hin und ruft ein anderes Kind namentlich herbei, das sich vor dem Tisch ebenfalls hinknien darf. Das zweite Kind wiederum ruft ein drittes Kind namentlich herbei.

So geht's immer weiter bis alle Kinder um den Tisch herum knien. Auf ein Kommando der Spielleitung hin legen alle Kinder rasch ihre Hände auf der Tischplatte aufeinander. Dasjenige Kind, dessen Hand ganz oben liegt, ballt die Hand zur einer Faust und streckt den Daumen hoch. Es ruft dann ganz laut:

„Daumen hoch! Wir sind ein Team!"

Es nimmt dann seine Hand weg, sodass das nächste Kind, dessen Hand nun ganz oben liegt, den Daumen hochheben und den Satz wiederholen kann.

Erst wenn alle Kinder an der Reihe gewesen sind, ist das Spiel beendet.

Variante:

Im Gegensatz zu dem vorherigen Spiel, darf nur dasjenige Kind, dessen Hand ganz oben liegt, eine Faust bilden und den Daumen hochheben.

Miteinander sagen dann alle den o. g. Satz, bevor sie ihre Arme ruckartig weit nach oben in die Luft strecken und dabei vor Freude jubeln.

Kleine Rituale, bei denen die Kinder sich auf ihr Team einschwören, machen den Kindern bewusst, dass sie nun zueinander gehören und sich aufeinander verlassen können.

Stärken im Team sichtbar machen und nutzen

Spielerisch rundherum Talente entdecken und Motivation fördern

Jedes Kind ist einzigartig und hat seine Stärken, die insbesondere in Bezug auf die Teamspiele im Morgenkreis sehr nützlich sein können. Im Team können sie nicht nur ihre Fähigkeiten zeigen und entdecken, sondern auch ihre Schwächen viel leichter ausgleichen, sodass sie gemeinsam viele Herausforderungen und Hindernisse wesentlich besser meistern können. Dabei ist es überaus wichtig, dass die Kinder wissen, dass niemand alles können und somit perfekt sein muss. Jedes Kind hat seine Grenzen, die es immer wieder neu zu entdecken gilt.

Im dritten Kapitel lernen die Kinder mithilfe der Praxisideen bewusst ihre eigenen Stärken und die von anderen kennen. Indem die Kinder im Morgenkreis Akteur und Beobachter zugleich sind, klappt das Vorhaben besonders gut. Durch die Aufstellungsform im Kreis, können Sie in der Rolle als Spielleitung die einzelnen Kinder besonders gut beobachten und somit jedes Kind in bestimmten Situationen ausgiebig loben oder gar gezielt unterstützen. Auf diese Weise können die Kinder sich nicht nur an ihren Stärken erfreuen, sondern auch an ihren Schwächen arbeiten und dabei jede Menge Spielspaß haben. Es macht also Sinn, dass Kinder auf verspielte Weise ihre eigene Stärken im Team entdecken, die bei jedem Teamspiel und nicht zuletzt für ihr persönliches Weiterkommen von großem Nutzen sein können.

„Wenn es einen Glauben gibt, der Berge versetzen kann, so ist es der Glaube an die eigene Kraft."

Marie von Ebner-Eschenbach (1830–1916), mährisch-österreichische Schriftstellerin und Vertreterin des Realismus

Schau mal, was ich kann

Alter: ab 4 Jahren

Material: für jedes Kind 1 Luftballon; evtl. für jedes zweite Kind 1 Luftballon

Sozialform: Kleingruppe; evtl. gerade Anzahl

Zeitaufwand: 5 Minuten

Schwerpunkt: Visuelle Wahrnehmung, Motorik, Reaktion, Selbstwert- und Zugehörigkeitsgefühl

Spielverlauf:
Die Kinder holen sich jeweils einen Luftballon und bilden einen großzügigen Kreis.
Eines von ihnen stellt sich in die Kreismitte und stellt eine Spielidee vor, indem es z. B. mit einem Finger den Luftballon unaufhörlich weit nach oben in die Luft schubst. Die übrigen Kinder beobachten alles ganz genau und ahmen es, falls sie möchten, von ihrem Platz aus einfach nach. Das geht so lange, bis die Spielleitung das Kind bittet, seinen Platz mit einem anderen Kind zu tauschen, das dann ausgehend von der Kreismitte etwas Neues mithilfe seines Luftballons präsentieren darf.
Ziel ist es, dass die Kinder jeweils eine neue Spielart einwickeln und dabei so ganz nebenbei ihr Können zeigen.

Variante:
Zwei beliebige Kinder holen sich einen Luftballon und stellen im Innenkreis eine Spielidee vor. Die übrigen Kinder bilden auf der Kreisbahn Paare und bekommen von der Spielleitung jeweils einen Luftballon, sodass sie alles zu zweit nachahmen können. Das geht so lange, bis die Spielleitung die beiden Kinder im Innenkreis bittet, den Platz mit einem anderen Paar zu tauschen, das dann im Innenkreis eine neue Spielidee präsentieren darf.

In der Kreismitte stehen und den anderen mithilfe eines Luftballons eine Spielidee zeigen, macht stolz und selbstbewusst zugleich. Auf diese Weise kann die Spielleitung den Kindern verdeutlichen, wie einfach und leicht eigene Ideen in ein bestehendes Team eingebracht werden können.

Alle sind jetzt dabei

Alter: ab 5 Jahren

Material: für jedes Kind 1 Luftballon, 1 Stoppuhr oder Uhr mit Sekundenzeiger

Organisationsform: Kleingruppe

Zeitaufwand: 5 Minuten

Schwerpunkt: Visuelle Wahrnehmung, Fantasie, Reaktion, Motorik, Selbstwert- und Gemeinschaftsgefühl

Spielverlauf:
Alle Kinder erhalten von der Spielleitung jeweils einen aufgeblasenen Luftballon und bilden bis auf eines einen großzügigen Kreis.
Auf Anweisung der Spielleitung hin darf das übrige Kind in der Kreismitte zeigen, was es mit seinem Luftballon machen kann. Indem es z. B. seinen Luftballon mit den flachen Händen unaufhörlich in Richtung Decke schubst, ruft es ein Kind namentlich auf, das auf die gleiche Weise sofort mitmacht. Kurz darauf ruft dieses ein weiteres Kind auf der Kreisbahn auf, das ebenfalls alles nachahmt.
Auf diese Weise geht's immer weiter, bis alle Kinder die Spielideen des ersten Kindes aufgegriffen haben und somit mitmachen. Werden die Kinder gemeinsam alles nachahmen können?
Falls nicht, darf dann ein anderes Kind sofort in die Kreismitte treten und von dort aus eine neue Spielidee mithilfe seines Luftballons vorstellen, indem es z. B. den Luftballon in die Luft wirft, einmal in die Hände klatscht und dann den Luftballon wieder auffängt. Es wiederholt alles so lange, in der Hoffnung, dass die Kinder allmählich mitmachen.
Ziel ist es, solche Spielideen zu entwickeln, die für alle machbar sind.

Variante:
Eines von den Kindern stellt sich in die Kreismitte und macht von dort aus etwas mit seinem Luftballon vor. Alle übrigen Kinder greifen den Vorschlag auf, den sie jedoch verändern können. So kann das Kind z. B. den Luftballon in die Luft werfen und wieder auffangen. Ziel ist es jedoch, dass jedes Kind in der Kreismitte etwas Neues vorstellt. Damit das gelingt, müssen die Kinder als Team zusammenarbeiten und gegebenenfalls auch weiterhelfen, indem sie dem Kind in der Kreismitte z. B. Vorschläge zurufen.

Ein Luftballon ist vielseitig verwendbar und somit geradezu ideal, um möglichst viele Spielideen zu entwickeln, die die Kinder sich voller Freude gegenseitig präsentieren können. Besonders interessant wird es dann, wenn die Spielideen nicht nur aufgegriffen, sondern im Team auch weiterentwickelt und dementsprechend verändert werden.

Auf dem Rundtau geht's nun los!

Alter: ab 4 Jahren

Material: 1 Rundtau oder 4–5 Springseile; evtl. für jedes Kind 1 Teppichfliese

Organisationsform: Großgruppe

Zeitaufwand: 5 Minuten

Schwerpunkt: Vestibuläre Wahrnehmung, Grenzen ausloten, Selbstvertrauen und Wir-Gefühl

Vorbereitung:
Die Spielleitung legt ein Rundtau auf den Boden oder verknotet mehrere Springseile, die sie dann kreisförmig auf dem Boden platziert.

Spielverlauf:
Die Kinder holen sich zum Hinsetzen auf dem Boden, falls sie möchten, jeweils eine Teppichfliese. Sie bilden zwei bis drei gleich große Teams, die sich hinter das Rundtau im Außenkreis setzen.
Das erste Team beginnt und stellt sich in den Innenkreis. Miteinander beratschlagen sie kurz, wie sie auf dem Seil balancieren und so ihr Können den übrigen Teams zeigen können. Danach können sie auf dem Seil z. B. Hand in Hand hintereinander balancieren. Die übrigen Teams beobachten alles genau und dürfen applaudieren, falls ihnen das gefällt, was sie gerade präsentiert bekommen.
Unabhängig davon, tauscht dann das Team seinen Platz mit einem anderen, das nun etwas Neues auf dem Seil vorstellen darf.
Auf diese Weise geht's immer weiter, bis alle Teams an der Reihe gewesen sind.

Variante:
Die Kinder bilden Paare und zeigen der Reihe nach ihr Können auf dem Seil. Dabei stellen sie sich hintereinander auf dem Seil auf und zwar so, dass das hintere Kind dem vorderen an die Schultern fassen kann. Ziel ist es, dass das 2er-Team, das gerade an der Reihe sind, einmal links oder rechts im Kreis herum balanciert und zwar so, dass die beiden Kinder in Kontakt bleiben.

Den anderen Teams zeigen, was man gemeinsam auf die Beine stellen kann, schweißt zusammen und macht den Kindern bewusst, wie viel Power sie gemeinsam haben.

Was ich am besten kann

Alter: ab 3 Jahren

Material: 5–6 verschiedene Dinge, wie z. B. 1 Handtrommel, 1 Schale gefüllt mit Knetmasse, 1 Softball, 1 Springseil, 1 Chiffontuch und Malsachen

Sozialform: Kleingruppe

Zeitaufwand: 5-1 0 Minuten

Schwerpunkt: Visuelle Wahrnehmung, Kommunikation und Selbstwertgefühl

Vorbereitung:
Die Spielleitung legt z. B. die oben genannten Gegenstände in die Kreismitte.

Spielverlauf:
Die Kinder bilden einen Stuhlkreis. Miteinander sollen sie überlegen, was sie besonders gut können. Dabei dürfen sie die Dinge, die sich in der Kreismitte befinden, einbeziehen.
Eines der Kinder geht in die Kreismitte und holt sich einen Gegenstand, wie z. B. die Knetmasse. Es setzt sich auf seinen Platz und teilt der Gruppe mit, dass es z. B. besonders gut Schnecken kneten kann. Danach legt es die Knetmasse wieder auf seinen Platz zurück. Dasjenige Kind, das links neben ihm im Stuhlkreis sitzt, setzt das Spiel auf die gleiche Weise fort.
Indem alle Kinder sich der Reihe nach äußern, werden sie bestimmt viele Fähigkeiten entdecken, die im Team durchaus mehrmals vorhanden sein können.

Variante:
Eines der Kinder wählt in Gedanken z. B. das Malpapier und die Malstifte in der Kreismitte aus. Es macht ein kleines Ratespiel, indem es die ausgewählten Sachen umschreibt. Kennen die Kinder die Antwort dürfen sie auch erraten, was das Kind besonders gut kann, wie z. B. ein Bild malen.
Auf diese Weise steht jedes Kind der Reihe nach im Uhrzeigersinn einmal im Mittelpunkt des Geschehens.

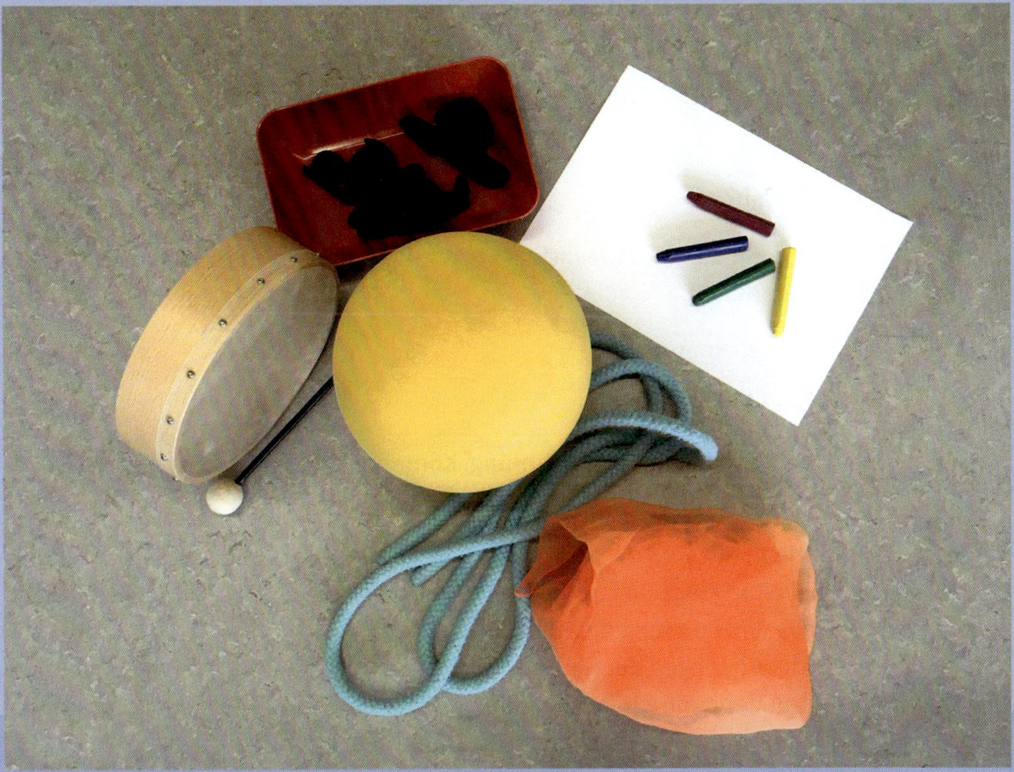

Vielseitig verwendbare Materialien beflügeln nicht nur die Fantasie, sondern machen den Kindern auch spielerisch bewusst, dass sie viele Stärken haben, auf die sie mehr als stolz sein können.

Viele kleine Lichter

Alter: ab 3 Jahren

Material: für jedes Kind 1 Teelicht, 1 Feuerzeug, 1 farbenfrohe Unterlage, wie z. B. 1 gemaltes Bild

Sozialform: Kleingruppe

Zeitaufwand: 5–10 Minuten

Schwerpunkt: Visuelle Wahrnehmung, Kommunikation und Selbstbewusstsein

Spielverlauf:
Die Spielleitung legt ein farbenfrohes Kunstwerk auf den Boden, besorgt sich ein Feuerzeug und holt für jedes Kind ein Teelicht.
Die Kinder überlegen der Reihe nach, was sie besonders gut können. Die Spielleitung zündet dann für jedes Kind und seine Stärken ein Teelicht an, die sie allesamt kreisförmig auf dem Kunstwerk anordnet. Auf diese Weise macht sie den Kindern eindrucksvoll bewusst, dass sie viele verschiedene Fähigkeiten haben, die allein schon durch die Farben zum Ausdruck gebracht werden und das Herz zum Leuchten bringen.

Variante:
Die Spielleitung zündet für jedes Kind ein Teelicht an. Dabei ordnet sie in der Kreismitte die Teelichter kreisförmig auf dem Kunstwerk an und sagt schließlich laut:

„Jedes Kind hier im Kreis,
ist ein Licht, wie ich weiß.
Jeder kann etwas gut.
Wer sagts und hat Mut?“

Diejenigen Kinder, die sich jetzt per Handzeichen melden, dürfen der Reihe nach sagen, was sie besonders gut können.
Am Ende erklärt die Spielleitung den Kindern, dass jedes Kind sein Können im Team natürlich auch nutzen darf.

Indem für die Stärken jedes Kindes ein Licht angezündet wird, macht man den Kindern bewusst, wie wertvoll ihre Fähigkeiten gerade auch in Bezug auf das gute Miteinander sind.

Hand drauf! Ruckzuck!

Alter: ab 4 Jahren

Material: 1 kleiner runder Tisch o. Ä., 1 Stoppuhr oder Uhr mit Sekundenzeiger

Sozialform: Kleingruppe

Zeitaufwand: 3–5 Minuten

Schwerpunkt: Taktile Wahrnehmung, Kommunikation, Schnelligkeit, Selbstwert- und Zugehörigkeitsgefühl

Spielverlauf:

Die Kinder sitzen zusammen im Stuhlkreis, in dessen Mitte die Spielleitung einen kleinen runden Tisch platziert.

Jedes Kind überlegt sich gegebenenfalls mit Unterstützung der Spielleitung, was es besonders gut im Hinblick auf das soziale Miteinander kann. Das kann z. B. gut zuhören, anderen helfen, Ideen entwickeln und Probleme lösen sein.

Auf ein Startzeichen der Spielleitung hin laufen alle der Reihe nach so schnell wie möglich zu dem Tisch und teilen ihr Können mit. Sobald jedoch alle Kinder um den kleinen Tisch herum knien, stoppt die Spielleitung die Zeit. Auf ein Kommando der Spielleitung hin sollen nun alle ruckzuck ihre Hände aufeinanderlegen. Dabei sagt die Spielleitung laut:

„Alle Stärken sind ruckzuck da!
Hand drauf. Wir rufen laut Hurra!"

Am Ende rufen alle Kinder laut „Hurra!" und heben vor Freude ihre Arme weit nach oben in die Luft.

Danach folgt auf die gleiche Weise eine weitere Spielrunde, die die Kinder als Team noch schneller beenden dürfen.

Variante:

Alle Kinder knien kreisförmig um den Tisch herum.

Sie teilen der Reihe nach im Uhrzeigersinn so schnell wie möglich jeweils eine Stärke mit und legen dann eine Hand auf den Tisch.

Indem die Kinder das, was sie sagen, durch das Spiel „Hand drauf!“ überzeugend schnell bekräftigen, machen sie sich gegenseitig bewusst, dass sie vollkommen hinter ihrer getroffenen Aussage stehen.

Erst wenn alle Hände aufeinander liegen, stoppt die Spielleitung die Zeit. Danach sagt sie die beiden vorherigen Sätze, bevor die Kinder nacheinander ihre Arme nach oben strecken und dabei jedes Mal laut „Hurra!“ rufen.
In der nächsten Spielrunde sollen die Kinder noch schneller als Team zusammenarbeiten und sich dabei so wie in der vorherigen Spielrunde ihrer Stärken bewusst werden.

Was haben wir gemeinsam?

Alter: ab 5 Jahren

Material: 1 Würfel, 6 Springseile

Sozialform: Kleingruppe

Zeitaufwand: 5–10 Minuten

Schwerpunkt: Gedächtnis, Kommunikation, Selbstwert- und Zugehörigkeitsgefühl

Spielverlauf:
Die Kinder bilden einen Kreis, in dessen Mitte die Spielleitung einen Würfel und sechs Springseile legt.
Eines von ihnen beginnt und geht in Richtung Kreismitte und holt sich den Würfel. Je nachdem, welche Punktzahl es würfelt, soll das Kind die entsprechende Anzahl an Fähigkeiten herausfinden, die alle gemeinsam haben. Das kann z. B. auf einem Bein hüpfen oder vielleicht sogar gut Zuhören sein. Immer wenn alle Kinder eine Antwort bestätigen, darf es ein Seil kreisförmig um den Würfel herum legen. Auf diese Weise wird das symbolisiert, was sie gerade miteinander verbindet. Anschließend tauscht es den Platz mit einem anderen Kind, das das Würfelspiel erneut beginnt.
Es geht so immer weiter, bis alle Kinder einmal würfeln konnten.

Variante:
Eines der Kinder würfelt in der Kreismitte. Entsprechend der gewürfelten Punktzahl ruft es genauso viele Kinder der Reihe nach auf, die nacheinander jeweils eine Fähigkeiten sagen dürfen, die sie in der Gruppe schätzen. Das kann z. B. Hilfsbereitschaft, Zuhören oder Teilen sein.
Das Kind in der Kreismitte legt bei jeder Fähigkeit ein Seil um den Würfel herum. Auf diese Weise wird gezeigt, welche Stärken alle gemeinsam haben.
Anschließend darf ein weiteres Kind das Spiel mit dem Würfel fortsetzen, das nach zwei bis drei Spielrunden beendet ist.

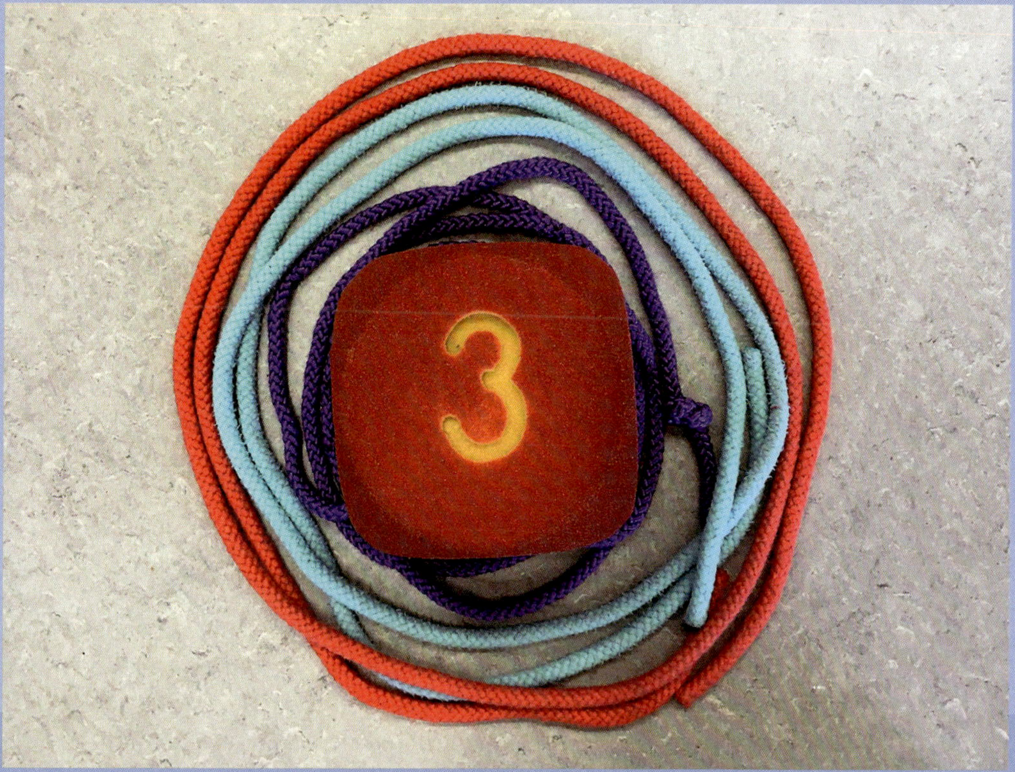

Es gibt viele Fähigkeiten, die die Kinder gemeinsam haben und sie somit verbindet. Das wiederum wird bei diesem Spiel durch die Seile verdeutlicht, die die Kinder dann kreisförmig um einen Würfel herum legen.

Ich schätze an dir ...

Alter: ab 5 Jahren

Material: –

Sozialform: Kleingruppe

Zeitaufwand: 3–5 Minuten

Schwerpunkt: Taktile Wahrnehmung, Kommunikation, Selbstwert- und Zugehörigkeitsgefühl

Spielverlauf:
Die Kinder bilden einen engen Stuhlkreis.
Eines von ihnen beginnt und teilt der Gruppe eine Fähigkeit mit, die es bei seinem rechten Nachbarskind schätzt. Das können z. B. sein fröhliches Wesen oder sein Malkünste sein. Danach geben sich beide gegenseitig die Hände. Das zweite Kind tut es ihm gleich, wiederholt das Gesagte und benennt eine weitere Fähigkeit, die es wiederum bei seinem rechten Nachbarskind schätzt.
Das betreffende Kind wiederholt alles und fügt auf die gleiche Weise dann etwas Neues in Bezug auf sein rechtes Nachbarskind hinzu.
Auf diese Weise geht es so lange weiter, bis alle Hand in Hand zusammen im Kreis sitzen.

Variante:
Im Gegensatz zu dem o. g. Spiel sagt dasjenige Kind, das gerade an der Reihe ist, was es bei Teamspielen schätzt. Das kann z. B. das gute Miteinander, der Siegeswille oder einfach der Spielspaß sein. Danach gibt es demjenigen Kind die Hand, das links neben ihm im Stuhlkreis sitzt.
Erst wenn alle Hand in Hand im Kreis sitzen, ist das Spiel beendet.

Sich gegenseitig wertschätzen und die Verbundenheit im Kreis spüren, tut gut und stärkt das Selbstvertrauen, so dass jedes Kind gerne seine Fähigkeiten im Team einsetzt.

Ratzfatz eine Stärke

Alter: ab 5 Jahren

Material: 1 kleiner Tisch, 1 Sanduhr (1 Minute), Bauklötze o. Ä.

Sozialform: Kleingruppe

Zeitaufwand: 1 Minute

Schwerpunkt: Visuelle und taktile Wahrnehmung, Kommunikation, Zugehörigkeitsgefühl

Spielverlauf:

Alle Kinder stehen hinter ihren Stühlen im Kreis. Die Spielleitung stellt einen Tisch in die Kreismitte, auf dem sie eine Handvoll kleiner Bauklötze legt. Zudem holt sie einen Sanduhr.

Während sie nun die Sanduhr umdreht, bittet sie eines der Kinder, eine Stärke von einem Kind im Außenkreis zu benennen, das sie namentlich aufruft. Die Spielleitung legt dann einen Bauklotz zur Seite. Das betreffende Kind tut es ihr gleich und benennt die Stärke von einem anderen Kind, das es benennt. Während nun die Spielleitung einen weiteren Bauklotz auf den ersten legt, geht das erste Kind in Richtung Innenkreis, um sich auf seinen Stuhl zu setzen. Das zweite Kind setzt sich ebenfalls in den Stuhlkreis, sobald es die Stärke eines weiteren Kindes, das sich außerhalb des Stuhlkreises befindet, benannt hat.

Auf diese Weise kommen immer mehr Fähigkeiten zusammen, die das Team vorweisen kann.

Das Spiel ist beendet, sobald alle Kinder zusammen im Stuhlkreis sitzen oder der Sand in der Sanduhr durchgerieselt ist.

Variante:

Die Kinder sitzen im Stuhlkreis beisammen und benennen nacheinander jeweils eine Stärke ihres linken Nachbarkindes. Bei jeder Fähigkeit heben sie alle den Daumen kurz hoch.

Das geht so lange, bis alle Kinder an der Reihe gewesen sind oder die Sanduhr abgelaufen ist.

Indem bei jeder benannten Fähigkeit, die in einem Team vorhanden sein kann, ein Bauklotz auf den anderen gestapelt wird, entsteht rasch ein hoher Turm, der die Vielzahl an Stärken im Team eindrucksvoll den Kindern vor Augen führt.

Du brauchst nicht alles zu können

Alter: ab 3 Jahren

Material: –

Sozialform: Klein- oder Großgruppe

Zeitaufwand: 2–3 Minuten

Schwerpunkt: Visuelle und taktile Wahrnehmung, Selbstwert- und Zugehörigkeitsgefühl

Spielverlauf:
Die Kinder bilden einen Stuhlkreis. Ein Drittel der Kinder verteilt sich im Innenkreis.
Während nun die Kinder im Innenkreis mit weinerliche Stimme beteuern, dass sie etwas Bestimmtes nicht können, eilen die übrigen Kinder herbei, um den betreffenden Kinder ihre Hilfe anzubieten. Dabei dürfen sie die Kinder im Innenkreis umarmen.
Im Anschluss daran fängt eine neue Spielrunde an, bei der ein paar andere Kinder sich zunächst im Innenkreis verteilen dürfen.

Variante:
Alle Kinder sitzen zusammen im Stuhlkreis.
Auf ein Kommando der Spielleitung hin sollen sie sich gegenseitig Mut machen und helfen, indem sie in Richtung Innenkreis laufen, sodass sich zwei oder mehrere Kinder umarmen oder auf die Schulter klopfen.
Eine neue Spielrunde beginnt, sobald alle Kinder die Aufgabe gut gemeistert haben und dabei niemand im Innenkreis alleine zurück bleibt.

Die Kinder sollten wissen, dass sie nicht alles können müssen. Denn in einem guten Team, lässt niemand den anderen im Stich, sodass auch Dinge, die der eine oder andere nicht so gut kann, erst gar nicht ins Gewicht fallen werden.

Auf Stühle im Kreis, fertig, los!

Geschicklichkeits-Challenge für mehr Teamspaß und Erfolgserlebnisse

Im Team kann es durchaus auf das körperliche Geschick ankommen, um erfolgreich ein gemeinsames Ziel zu erreichen. Dabei wird auch sehr viel Geduld und Ausdauer von den einzelnen Teammitgliedern abverlangt. Mithilfe von Geschicklichkeitsspielen erfahren bereits jüngere Kinder, wie sie trotz Stolpersteinen gemeinsam ans Ziel kommen können. Indem sie sozusagen alle am Ball bleiben, lernen sie durchzuhalten und somit nicht vorschnell aufzugeben. Es ist also nicht verwunderlich, dass die Freude im Team sehr groß ist, wenn eine Aufgabe nach dem x-ten Versuch gelingt.

Im vierten Kapitel werden nun zahlreiche Geschicklichkeits-Challenges im Morgenkreis vorgestellt, die nur dann zum Erfolg führen, wenn alle ihren Beitrag dazu leisten und mit ganzem Herzen dabei sind. Die Teamspiele schulen die Motorik, trainieren den Gleichgewichtssinn, fördern die Ausdauer und geben den Kindern viele Möglichkeiten, um ihre eigene Grenzen auszuloten. Darüber hinaus ist bei machen Teamspielen nicht nur die Geschicklichkeit, sondern auch die Schnelligkeit und ein gutes Reaktionsvermögen gefragt. Besonders Kinder kurz vor dem Schuleintritt haben große Freude daran, wenn sie gemeinsam als Team gegen ein anderes gleich starkes Team antreten können. Spielerisch lernen sie so auch mit Niederlagen umzugehen, die nicht immer so einfach zu verkraften sind. In diesem Fall kann es jedoch sinnvoll sein, das eine oder andere Teamspiel zu wiederholen, sodass jedes Team noch einmal eine realistische Chance hat, auch als ein Siegerteam den Morgenkreis zu verlassen.

„Alle Hindernisse und Schwierigkeiten sind Stufen, auf denen wir in die Höhe steigen."

Friedrich Nietzsche (1844–1900), deutscher Philosoph und klassischer Philologe

Ran an das Seil und lauft los!

Alter: ab 5 Jahren

Material: 1 langes Kletterseil, 8–12 Markierungskegel, 1 Stoppuhr oder Uhr mit Sekundenzeiger

Sozialform: Kleingruppe

Zeitaufwand: 5 Minuten

Schwerpunkt: Visuelle Wahrnehmung, Motorik, Reaktion, Konzentration, Ausdauer, Kampf- und Teamgeist

Vorbereitung:
Die Spielleitung ordnet acht bis zwölf Markierungskegel großzügig im Kreis an und holt ein langes Kletterseil.

Spielverlauf:
Eines der Kinder schnappt sich ein Seilende und stellt sich vor einem Kegel hin. Alle übrigen Kinder bilden eine lange Schlange direkt hinter dem Kind und halten auch das Seil fest.
Auf ein Kommando der Spielleitung hin geht's los. Das Kind läuft mit seinem Team im Schlepptau im Slalom um die einzelnen Kegel herum.
Wie viele Runden kann das Team wohl innerhalb von drei Minuten laufen?
Das Spiel ist aus, sobald die Spielzeit abgelaufen ist oder eines der Kinder unterwegs einen Kegel umgeworfen oder gar das Seil losgelassen hat. Unabhängig davon, darf das Team das Spiel in der entgegengesetzten Kreisrichtung wiederholen. Ziel ist es nun, eine höhere Anzahl an Kreisrunden mit vereinten Kräften zu schaffen.

Variante:
Im Gegensatz zu dem o.g. Spiel sind zwei gleich große Teams gleichzeitig am Start.
Auf ein Kommando der Spielleitung hin läuft dann das erste Team mit dem Seil in der Hand hintereinander im Uhrzeigersinn vor den Kegeln im Außenkreis herum. Das zweite Team macht das Gleiche jedoch läuft es dann in die entgegengesetzte Richtung im Außenkreis herum.

Miteinander fest zusammenhalten, Hindernisse überwinden und gemeinsam Erfolge feiern, macht allen spürbar viel Freude und stärkt enorm den Teamgeist.

Welches Team schafft innerhalb von drei Minuten die meisten Kreisrunden? Dabei gelten die gleichen Spielregeln wie im vorherigen Spiel.

Ratzfatz ein Kreis

Alter: ab 3 Jahren

Material: 1 Handtrommel; evtl. 4 Markierungskegel, 1 Stoppuhr oder Uhr mit Sekundenzeiger

Sozialform: Kleingruppe

Zeitaufwand: 3–4 Minuten

Schwerpunkt: Auditive Wahrnehmung, Reaktion, Schnelligkeit, Ausdauer, Motorik, Kampfgeist und Siegeswille

Spielverlauf:
Zum Rhythmus des Trommelspiels, das durch die Spielleitung erfolgt, laufen die Kinder Hand in Hand auf dem Spielfeld herum, das die Spielleitung mithilfe von vier Markierungskegeln kennzeichnen kann. Dabei kann die Spielleitung auch die Bewegungsart, wie z. B. Laufen oder Hüpfen vorgeben. Sobald jedoch das Trommeln stoppt, sollen sie so schnell wie möglich einen geschlossenen Kreis bilden. Wie lange wird es wohl dauern, bis das Vorhaben klappt? Die Spielleitung stoppt die Zeit.
In der nächsten Spielrunde sollen sie noch schneller reagieren und somit einen geschlossenen Kreis bilden.

Variante:
Die Kinder laufen einzeln durch den Raum. Allerdings nur so lange, bis die Spielleitung einmal kräftig trommelt. Wie viel Zeit wird vergehen, bis die Kinder Hand in Hand zusammen im Kreis stehen?
In der nächsten Spielrunde sollen sie nach Möglichkeit noch viel schneller einen geschlossenen Kreis bilden.

Ob die Kinder als Team zusammenarbeiten können, hängt letztendlich von jedem einzelnen Kind ab. Spielerisch können die Kinder das üben, indem sie gemeinsam so schnell wie möglich einen geschlossenen Kreis bilden.

Stühle aufeinander stapeln

Alter: ab 5 Jahren

Material: 1 Trillerpfeife, 1 großer Zahlenwürfel, 6 Stühle, 1 Stoppuhr oder Uhr mit Sekundenzeiger

Sozialform: Großgruppe

Zeitaufwand: 5 Minuten

Schwerpunkt: Visuelle Wahrnehmung, Reaktion, Schnelligkeit, Konzentration, Motorik, Kampfgeist und Siegeswille

Spielverlauf:
Die Kinder bilden zwei bis drei gleich große Teams, die nah zusammen im Kreis sitzen.
Das erste Team begibt sich in den Innenkreis, in den die Spielleitung sechs Stühle stellt und dazu noch einen Würfel auf den Boden legt.
Erfolgt der Startpfiff durch die Spielleitung, schnappt sich eines der Kinder aus dem ersten Team den Würfel. Je nachdem, welche Zahl gewürfelt wurde, darf das Team die entsprechende Anzahl an Stühlen aufeinander stapeln. Wurde die Eins gewürfelt, wiederholt es das Würfelspiel. Die Spielleitung stoppt die Zeit, sobald die Aufgabe richtig erfüllt wurde.
Im Anschluss daran darf das erste Team mit dem zweiten Team den Platz tauschen, sodass eine neue Spielrunde beginnt.
Erst wenn alle Teams einmal im Innenkreis würfeln und die Aufgabe mithilfe von einem Stuhl oder gar mehreren Stühlen erfüllen konnten, ist das Spiel beendet. Dasjenige Team, das am schnellsten seine Aufgabe meistern konnte, ist Sieger.

Variante:
Es gibt nur ein Team, das zusammen im Stuhlkreis sitzt.
Erst wenn die Spielleitung pfeift, laufen alle in Richtung Innenkreis. Eines von ihnen würfelt und die anderen dürfen die dazu passende Anzahl an Stühlen aufeinander stapeln. Eine Ausnahme bildet jedoch die Eins. In diesem Fall würfelt das Kind einfach noch einmal. Kaum wurde die Aufgabe gelöst, setzen sich alle ruckzuck in den Stuhlkreis und geben sich gegenseitig die Hände. Die Spielleitung stoppt die Zeit.

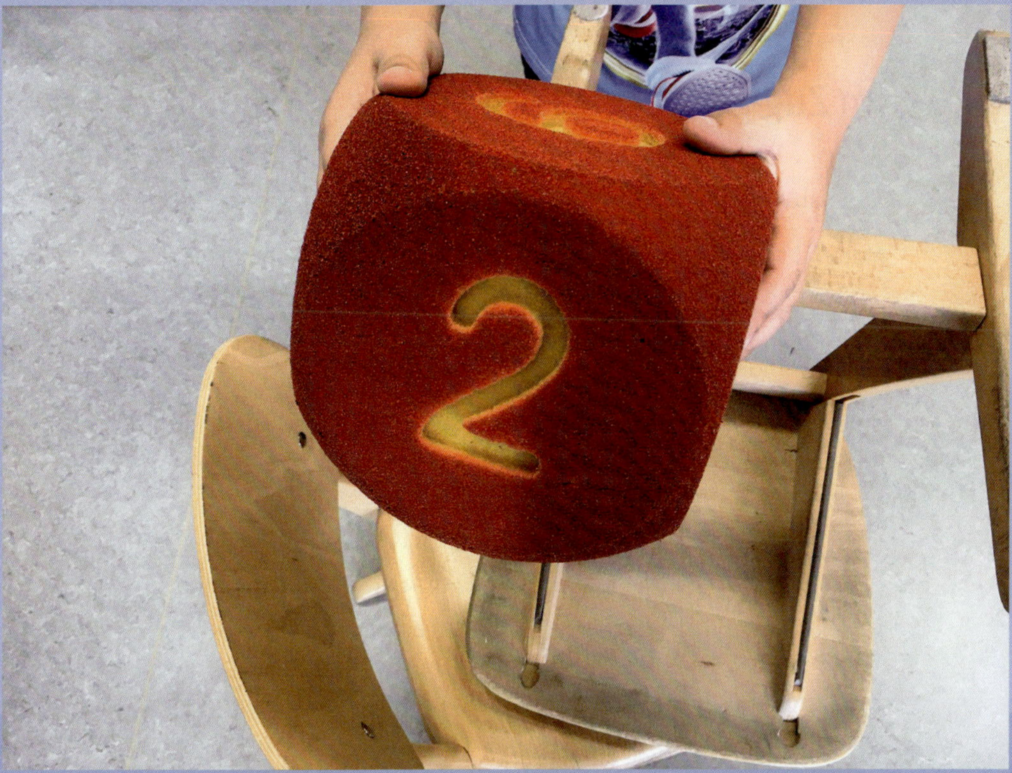

Mit viel Geschick und möglichst schnell ein gemeinsames Ziel erreichen, macht Spaß, fördert die Motorik und die Bewegungsfreude. Auf diese Weise wird übrigens auch die Lust auf noch mehr Teamarbeit gesteigert.

In der nächsten Spielrunde sollen sie dann noch schneller das Würfelspiel und Aufeinanderstapeln der Stühle beenden und somit wieder im Stuhlkreis zusammensitzen.

Im Zug geht's jetzt rund

Alter: ab 4 Jahren

Material: 1 Handtrommel, 1 Stoppuhr oder Uhr mit Sekundenzeiger

Sozialform: Kleingruppe

Zeitaufwand: 3–5 Minuten

Schwerpunkt: Konzentration, Ausdauer, Motorik, visuelle und auditive Wahrnehmung sowie Kampfgeist und Siegeswille

Spielverlauf:
Die Kinder können, falls sie möchten, ihre Schuhe und Strümpfe ausziehen. Sie stellen sich der Reihe nach auf und bilden einen Zug, indem sie die Schultern des vor ihm stehenden Kindes festhalten.
Zum Rhythmus des Trommelspiels, das durch die Spielleitung erfolgt, führt nun das vorderste Kind sein Team im Kreis herum. Sobald jedoch die Spielleitung zu trommel aufhört, bleiben alle stehen. Irgendwann setzt das Trommelspiel wieder ein, sodass der Zug rückwärts weiterfahren kann bzw. die Kinder rückwärts hintereinander im Kreis herumgehen. Das geht wieder so lange, bis das Trommeln wieder aufhört. Anschließend geht es im Takt wieder vorwärts im Kreis herum.
Das Hin und Her geht so lange weiter, bis ein oder mehrere Kind(er) ihren Vordermann loslassen oder die Spielleitung nach drei Minuten „Endstation. Bitte alle aussteigen!“ ruft. Im letzten Fall hat das Team die Aufgabe mit Bravour gemeistert.

Variante:
Alle Kinder bis auf eines sitzen zusammen im Stuhlkreis.
Zum Rhythmus des Trommelspiels geht das Kind so lange links im Außenkreis herum, bis das Trommeln stoppt und die Spielleitung ein Kind namentlich aufruft, das sich hinter das Kind stellen und diesem an die Schultern fassen darf. Danach geht' s zu zweit im Takt links im Außenkreis herum.
Auf diese Weise geht's immer weiter, bis entweder alle Kinder einen Zug bilden oder eines der Kinder unterwegs im wahrsten Sinne des Wortes abgehängt wurde. Sollte das passieren, probieren die Kinder einfach noch einmal das Spiel aus.

Indem die Kinder einen Zug bilden, fahren bzw. gehen sie nun alle in die gleiche Richtung so wie hier im Kreis herum. Das ist jedoch gar nicht so einfach, da die Aufgabe nur mit viel Disziplin und Geschicklichkeit im Team gelingen kann.

Hinweis:

Das Spiel eignet sich übrigens besonders gut in einer Turnhalle, die eine runde Spielfeldmarkierung vorweisen kann, auf der dann der „Zug" sozusagen auf „Schienen" entweder vorwärts oder rückwärts im Kreis herum „fahren" kann.

Auf geht's in den Innenkreis!

Alter: ab 5 Jahren

Material: 1 Rundtau, Kletterseil o. Ä., für jedes Kind 1 Teppichfliese, 1 Stoppuhr oder Uhr mit Sekundenzeiger

Sozialform: Klein- oder Großgruppe; evtl. gerade Anzahl

Zeitaufwand: 2–3 Minuten

Schwerpunkt: Visuelle Wahrnehmung, Motorik, Konzentration, Ausdauer, Kampfgeist und Siegeswille

Spielverlauf:
Die Kinder holen sich jeweils eine Teppichfliese und bilden einen großzügigen Kreis. Die Spielleitung holt ein Rundtau oder ein Kletterseil, dessen Ende sie verknotet. Sie übergibt das Seil dem Team, sobald alle auf ihren Teppichfliesen stehen. Miteinander bilden sie mithilfe des Seils einen geschlossenen Kreis.
Auf einen Startpfiff der Spielleitung hin klettert eines von den Kindern über das Seil in Richtung Kreismitte. Dabei darf weder das Kind noch das übrige Team das Seil zu keinem Zeitpunkt loslassen. Danach folgt ein weiteres Kind, das die Spielleitung namentlich aufruft und noch im Außenkreis steht.
Auf diese Weise geht's immer weiter, bis sich das ganze Team im Innenkreis befindet und dabei das Seil fest in den Händen hält. Die Spielleitung stoppt die Zeit. In der nächsten Spielrunde soll das Team möglichst noch schneller die Aufgabe meistern.

Variante:
Die Kinder bilden einen Kreis. Jedes zweite Kind, auf das die Spielleitung deutet, gehört zum ersten Team. Alle übrigen bilden das zweite Team.
Erfolgt der Startpfiff durch die Spielleitung dürfen alle Kinder aus dem ersten Team blitzschnell über das Seil in Richtung Innenkreis klettern. Die Spielleitung stoppt die Zeit, sobald alle Kinder im Innenkreis stehen und das Seil mit beiden Händen fest im Griff haben. Danach stellen sich alle wieder so wie am Anfang auf die Kreisbahn hin, sodass das zweite Team unter Beweis stellen kann, ob es noch schneller die Aufgabe meistern kann.
Dasjenige Team, das am schnellsten in den Innenkreis gelangt und mit beiden Händen das Seil festhält, hat die Nase vorne.

Miteinander an einer Sache dran bleiben und dabei nicht locker lassen, können die Kinder spielerisch mithilfe eines Rundseils üben, das sie ohnehin miteinander auf eine gewisse Art verbindet.

Die tapferen Schneider

Alter: ab 4 Jahren

Material: 1 Abspielgerät, Tanzmusik

Sozialform: Klein- oder Großgruppe

Zeitaufwand: 5–10 Minuten

Schwerpunkt: Auditive Wahrnehmung, Reaktion, Konzentration, Ausdauer, Kampfgeist und Siegeswille

Spielverlauf:

Alle Kinder sitzen zusammen im Stuhlkreis.

Zum Rhythmus der Musik klatschen die Kinder in die Hände. Allerdings nur so lange, bis die Musik stoppt. In diesem Moment sollen alle Kinder sich im Schneidersitz auf ihren Stuhl setzen. Dabei zählt die Spielleitung laut bis Zehn. Schafft es das Team bis dahin im Schneidersitz sitzen zu bleiben?

Unabhängig davon beginnt dann eine neue Spielrunde, bei der die Kinder auf Anweisung der Spielleitung hin im Takt zur Musik z. B. mit den Händen auf die Oberschenkel patschen, mit den Füßen auf den Boden stampfen oder gar ihren linken und rechten Nachbarn abklatschen dürfen.

Das geht wieder so lange, bis die Musik stoppt und alle wieder innerhalb zehn Sekunden im Schneidersitz auf ihren Stühlen sitzen sollen.

Variante:

Auf ein Startkommando der Spielleitung hin dürfen sich alle Kinder im Schneidersitz auf ihre Stühlen setzen. Sobald die Spielleitung die Musik einschaltet, klatschen alle im Takt zur Musik in die Hände. Schafft das Team das Ganze im Schneidersitz so lange, bis die Musik beendet ist? Falls ja, haben sie die Aufgabe super gemeistert.

Miteinander in einer bestimmten Zeit eine Aufgabe bewältigen, treibt den Ehrgeiz an und macht besonders viel Freude, wenn der Einsatz von jedem einzelnen Kind dann zum gemeinsamen Erfolg führt.

Zeig her, den rechten Fuß

Alter: ab 5 Jahren

Material: –

Sozialform: Kleingruppe

Zeitaufwand: 3 Minuten

Spielort: Gruppenraum

Schwerpunkt: Motorik, Konzentration, Ausdauer, Kampfgeist und Siegeswille

Spielverlauf:
Die Kinder sitzen im Schneidersitz auf ihren Stühlen.
Auf ein Startzeichen der Spielleitung hin streckt ein Kind sein rechtes Bein in Richtung Kreismitte aus. Dasjenige Kind, das links neben ihm sitzt, tut es ihm gleich. Genauso strecken die übrigen Kinder der Reihe nach ihr rechtes Bein in Richtung Kreismitte aus.
Auf diese Weise geht's immer weiter, bis entweder alle Kinder als Team die Aufgabe gemeistert haben oder eines der Kinder mit einem Bein den Boden berührt. Im letzten Fall probieren die Kinder ausgehend von einem anderen Kind das Spiel dann einfach noch einmal aus.

Variante:
Die Kinder sitzen bequem zusammen im Stuhlkreis.
Erfolgt das Startkommando durch die Spielleitung strecken alle gleichzeitig ihr linkes oder rechtes Bein in Richtung Kreismitte aus. Dabei zählt die Spielleitung laut bis Zehn. Wird das Team das Vorhaben zehn Sekunden lang schaffen? Ansonsten wiederholen sie das Spiel am besten gleich noch einmal.

Miteinander trotz Anstrengungen an eine Aufgabe herangehen und zwar, ohne dass dabei die Kinder das Ziel aus den Augen verlieren, bringt viele positive Erfahrungen und Erlebnisse mit sich, die den Kampfgeist und Siegeswille im Team fördern.

Auf los geht's mit Ball und Reifen los!

Alter: ab 5 Jahren

Material: 1 Softball und 1 Gymnastikreifen; 1 Softball, 2 Wackelbretter

Sozialform: Kleingruppe

Zeitaufwand: 3–4 Minuten

Schwerpunkt: Motorik, vestibuläre Wahrnehmung, Kampfgeist und Siegeswille

Spielverlauf:
Die Kinder bilden einen Kreis, in dessen Mitte die Spielleitung einen Softball und Gymnastikreifen legt.
Auf das Startzeichen der Spielleitung hin läuft das erste Kind in Richtung Innenkreis. Es klemmt sich den Ball zwischen die Beine und schnappt sich den Reifen, den es mit gestreckten Armen weit über den Kopf hebt. Es läuft so in Richtung eines Kindes, dem es beide Sachen übergibt. Die beiden Kinder tauschen ihre Plätze. Das Kind im Innenkreis setzt nun das Spiel auf die gleiche Weise fort.
Das Team hat die Aufgabe gewonnen, sobald alle Kinder an der Reihe gewesen sind und niemand aus dem Team etwas unterwegs verloren hat.

Variante:
Die Spielleitung stellt zwei Wackelbretter in der Kreismitte zur Auswahl hin.
Erfolgt das Startzeichen durch die Spielleitung laufen die Kinder der Reihe nach im Uhrzeigersinn los, um sich auf das Wackelbrett zu stellen. Dabei zählt das Team jedes Mal laut bis Zehn. Sollte innerhalb der Zeit ein Kind mit den Füßen den Boden berühren, fängt das Spiel ausgehend von einem anderen Kind von vorne an. Das Team hat jedoch das Geschicklichkeitsspiel gewonnen, wenn alle der Reihe nach zehn Sekunden lang die Aufgabe bewältigen konnten.

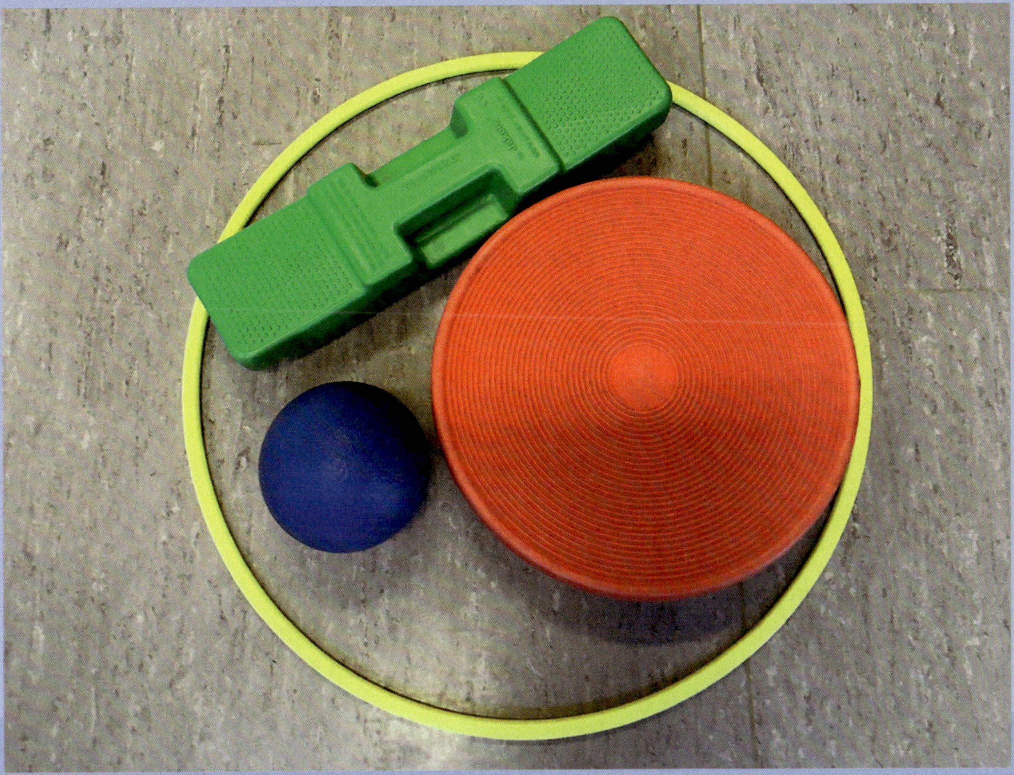

Ein starkes Team hält trotz Hindernissen, die sich einem in den Weg stellen können, fest zusammen. Dabei spielt es keine Rolle, ob eine Aufgabe auf Anhieb klappt oder nicht.

Am Ball bleiben

Alter: ab 5 Jahren

Material: 1 Softball, evtl. 2 Softbälle und 1 Stoppuhr oder Uhr mit Sekundenzeiger

Sozialform: Kleingruppe

Zeitaufwand: 3–5 Minuten

Schwerpunkt: Visuelle Wahrnehmung, Kommunikation, Motorik, Reaktion, Konzentration, Ausdauer, Kampf- und Teamgeist

Spielverlauf:
Die Kinder bilden ein Team, ziehen ihre Schuhe aus und geben sich gegenseitig im Stuhlkreis die Hände. Die Spielleitung legt einen Ball vor die Füße eines Kindes hin.
Das betreffende Kind ruft ein Kind namentlich auf, in dessen Richtung es den Ball kickt. Sollte jedoch der Ball woanders hingelangen, darf das Kind den Ball nun in Richtung des zuvor benannten Kindes kicken. Sobald jedoch das ausgewählte Kind den Ball vor sich hat, ruft es rasch ein weiteres Kind namentlich auf, das nun den Ball erhalten soll.
Das Spiel ist aus, sobald alle Kinder einmal namentlich aufgerufen wurden und den Ball erhalten haben. In diesem Fall hat das Team die Aufgabe hervorragend gemeistert. Das Spiel ist jedoch vorzeitig beendet, sobald der Ball außerhalb des Kreises gelangt oder die Kinder sich gegenseitig loslassen.

Variante:
Die Kinder sitzen zusammen locker im Kreis und kicken sich gegenseitig zwei Bälle gleichzeitig zu. Wird die Gruppe es schaffen, das Spiel drei Minuten lang durchzuführen und zwar ohne, dass irgendein Ball außerhalb des Spielfelds gelangt?

Ballspiele sind bei Kindern ein echter Dauerbrenner. Sie sind nicht nur interessant und spannend zugleich, sondern fördern auch die Motorik, Bewegungsfreude und nicht zuletzt den Kampfgeist und den Ehrgeiz, ein gemeinsames Ziel zu erreichen.

Wo ist der Eilzug?

Alter: ab 3 Jahren

Material: 1 Trillerpfeife, 1 Stoppuhr oder Uhr mit Sekundenzeiger

Sozialform: Klein- oder Großgruppe

Zeitaufwand: 6–9 Minuten

Schwerpunkt: Reaktion, Bewegungsfreude, Motorik, Kampfgeist und Siegeswille

Spielverlauf:

Die Kinder bilden zwei bis drei gleich große Teams und setzen sich alle zusammen in den Stuhlkreis.

Das erste Team stellt sich hintereinander im Außenkreis auf. Dabei fasst jedes Kind seinem Vordermann an die Schultern. Miteinander stellen sie einen Zug dar. Die Spielleitung bittet nun alle übrigen Kinder auf dem Bahnsteig bzw. im Stuhlkreis zu bleiben, da gleich der „Zug losfährt". Sobald nämlich der Startpfiff durch die Spielleitung erfolgt, läuft das erste Team rechts im Kreis herum. Wie viele Kreisrunden werden sie wohl innerhalb von drei Minuten schaffen und zwar, ohne dass irgendein Kind seinen Vordermann loslässt? Die übrigen Kinder beobachten alles genau und zählen eifrig mit.

Danach tauscht das erste Team mit dem zweiten seinen Platz, sodass das Spiel von vorne beginnt.

Dasjenige Team, das am Ende die größte Anzahl an Kreisrunden gelaufen ist, hat zu Recht den Namen Eilzug verdient.

Variante:

Die Kinder stellen sich alle hintereinander im Außenkreis auf und fassen die Schultern des vor ihnen stehenden Kindes an.

Miteinander laufen sie los, sobald der Startpfiff durch die Spielleitung erfolgt. Immer wenn sie eine Kreisrunde gelaufen sind, pfeift die Spielleitung. Das Team bleibt sofort stehen, sodass das letzte Kind in der Reihe sich in den Stuhlkreis setzen kann.

Auf diese Weise geht's immer weiter, bis entweder ein Kind die Schultern eines andern loslässt oder tatsächlich alle Kinder zusammen im Stuhlkreis sitzen. Im letzten Fall hat das Team die Aufgabe hervorragend erfüllt.

Sich mit einem anderen Team messen, macht Spaß und erhöht die Motivation, so dass jedes Kind begeistert und voller Freude seine Kraft für sein Team einsetzt.

Entspannen und sich rundum wohlfühlen

Ruhe- und Entspannungsspiele & Co., die das Wir-Gefühl in Teams stärken

Kleine Inseln der Ruhe und Stille im Morgenkreis helfen, den Kopf frei zu bekommen, körperlich und geistig zu entspannen sowie mehr Gelassenheit durch innere Ruhe zu finden. Dabei geht es jedoch um keine „trockenen" Entspannungsübungen, sondern in erster Linie um gemeinsame Ruheerlebnisse, die Kinder zum Entspannen, Träumen und Genießen einladen. Auf diese Weise können sie sich leichter auf sich selbst und auf andere in der Gruppe einlassen, sodass sie insbesondere bei Teamspielen viel besser bei der Sache sind und somit alle gemeinsam an einem Strang ziehen.

In diesem Kapitel werden nun einfache Ruhe- und Entspannungsspiele für zwischendurch im Morgenkreis vorgestellt. Sie bieten schöne Entspannungsphasen bereits früh am Morgen, die einfach gut tun. Die Ruheerlebnisse, die die Kinder gemeinsam in der vertrauten Runde genießen können, steigern das körperliche Wohlbefinden, schaffen Vertrauen und stärken das Gefühl der Geborgenheit. Sie tragen zu einer spürbar guten Atmosphäre im Morgenkreis bei und geben den Kindern viel Kraft und innere Ruhe, sodass sie sich wesentlich besser konzentrieren und über eine längere Zeit auf eine Aufgabe einlassen können. Darüber hinaus gibt es wohltuende Massagen im Morgenkreis, die für noch mehr Gelassenheit sorgen und zum Aufbau des Körperschemas dienen. Insgesamt helfen die ruhigen Praxisideen den Kindern, neue Energie zu tanken, voller Tatendrang in den neuen Tag zu starten und sich zuversichtlicher neuen Herausforderungen gerade auch im Hinblick auf die Teamspiele im Morgenkreis zu stellen.

„Strebe nach Ruhe, aber durch das Gleichgewicht, nicht durch den Stillstand deiner Tätigkeiten."

Friedrich von Schiller (1759–1805), deutscher Dichter und Schriftsteller

Wohltuende Klänge in unserem Team

Alter: ab 3 Jahren

Material: 1 Klangschale, ein paar farbige Chiffontücher, für jedes Kind 1 Teppichfliese

Sozialform: Klein- oder Großgruppe

Zeitaufwand: 2–3 Minuten

Schwerpunkt: Auditive Wahrnehmung, Ruheerlebnis, Wir-Gefühl

Vorbereitung:
Die Spielleitung legt ein paar farbige Chiffontücher in die Kreismitte, auf die sie eine Klangschale platziert.

Spielverlauf:
Die Kinder sitzen auf ihren Teppichfliesen zusammen im Kreis.
Die Spielleitung schlägt die Klangschale in der Kreismitte an und verschafft sich so Gehör in der Gruppe. Danach setzt sie sich mit der Klangschale auf ihren Platz zurück und teilt den Kindern eine Kompetenz mit, die in einem Team gefragt ist. Dabei kann Sie Folgendes sagen:

„Es klingt so schön! Hört es euch alle nun gut an.
Im Team ist wichtig, dass jeder gut zuhören kann!“

Daraufhin schlägt sie die Klangschale an. Ist der Klang verklungen, übergibt sie die Klangschale demjenigen Kind, das links neben ihr auf der Kreisbahn sitzt. Danach benennt sie auf die gleiche Weise eine neue Kompetenz, indem sie den ersten Satz wiederholt und dann z. B. sagt: „Im Team ist wichtig, dass jeder den anderen wertschätzen kann!“ Im Anschluss daran lässt nun das Kind die Klangschale erklingen.
Auf diese Weise kommen noch weitere Kompetenzen hinzu, die für ein Team relevant sind. Dabei wandert die Klangschale jedes Mal einen Platz nach links im Kreis herum, und sie wird dann auch angeschlagen.
Das Spiel ist aus, sobald die Spielleitung wieder die Klangschale in den Händen hält.

Mithilfe der warmen wohltuenden Klänge der Klangschale können sich die Kinder in aller Ruhe darauf besinnen, was ein starkes Team ausmacht. Indem die Kinder dies verinnerlichen, werden sie besonders schnell zu einem tollen Team zusammenwachsen.

Variante:
Die Kinder gehen nacheinander im Uhrzeigersinn in die Kreismitte, um die Klangschale anzuschlagen. Am Ende sagt dann die Spielleitung:

„Wohltuende Klänge machen Mut
und tun jedem im Team einfach gut!“

Team Lichter

Alter: ab 5 Jahren

Material: 1 kleiner Tisch, kleine Baumscheiben, Stifte, für jedes Kind 1 Teelicht, 1 Feuerzeug

Sozialform: Kleingruppe

Zeitaufwand: 5–10 Minuten

Schwerpunkt: Visuelle Wahrnehmung, Kommunikation, Ruheerlebnis und Wir-Gefühl

Spielverlauf:
Die Kinder bilden um einen kleinen Tisch einen Stuhlkreis. Die Spielleitung platziert auf die Tischmitte eine Klangschale.
Miteinander überlegen die Kinder, welche Kompetenzen im Team gefragt sind. Jedes Mal, wenn etwas Passendes benannt wird, schreibt sie ein Stichwort auf jeweils eine kleine Baumscheibe. Sie lässt dann bei jeder richtigen Antwort die Klangschale erklingen, sodass die Kinder das Ganze auf sich wirken lassen können. Die beschrifteten Baumscheiben legt sie kreisförmig um die Klangschale herum.
Anschließend übergibt sie jedem Kind ein Teelicht, das die Kinder nun der Reihe nach kreisförmig um die Baumscheiben herum legen dürfen. Die Spielleitung zündet die einzelnen Teelichter an und lässt die Klangschale abermals erklingen. Danach sagt sie ganz leise:

„Wir sind ein tolles Team nicht nur hier im Kreis,
denn jeder hat tolle Fähigkeiten, wie ich weiß!"

Variante:
Die Spielleitung richtet den Tisch so wie im vorherigen Spiel beschrieben her und bittet die Kinder, sich Hand in Hand um den Tisch herum zu stellen. Sie liest nun eine Kompetenz, die auf einer Baumscheibe steht, laut vor. Während sie nun die Klangschale erklingen lässt, gehen die Kinder langsam Hand in Hand im Uhrzeigersinn herum. Sobald jedoch der Klang verklungen ist, bleiben alle stehen. Die Spielleitung setzt das Spiel auf die gleiche Weise fort, indem sie eine neue Kompetenz, die auf einer weiteren Baumscheibe steht, vorliest.

Ein Mandala, das die Stärken eines Teams in den Mittelpunkt stellt, wirkt nicht nur beruhigend und entspannend zugleich, sondern fördert auch enorm den Teamgeist.

Auf diese Weise geht's immer weiter, bis alle Kompetenzen, die auf den Baumscheiben stehen, benannt wurden.

Entspannung voller Stärken

Alter: ab 4 Jahren

Material: 1 Isomatte oder Decke, jede Menge unbedruckte Bierdeckel o. Ä., Stifte

Sozialform: Klein- oder Großgruppe

Zeitaufwand: 3–5 Minuten

Schwerpunkt: Visuelle und taktile Wahrnehmung, Kommunikation, Konzentration, Ruheerlebnis und Zugehörigkeitsgefühl

Spielverlauf:

Eines der Kinder legt sich mit dem Rücken auf eine Matte. Die übrigen Kinder bilden einen Stuhlkreis um das liegende Kind herum.

Miteinander überlegen sie, welche positive Eigenschaften das Kind hat. Diejenigen Kinder, die sich dazu äußern möchten, melden sich per Handzeichen. Die Spielleitung ruft eines der Kinder namentlich auf, das eine positive Eigenschaft benennt, wie z. B. hilfsbereit oder freundlich. Die Spielleitung schreibt das Gesagte auf einen Bierdeckel, den das Kind dann behutsam auf den Körper des liegenden Kindes platzieren darf. Auf diese Weise kommen immer mehr Bierdeckel hinzu, die dem liegenden Kind bewusst machen, das es viele Dinge gibt, die die anderen hinsichtlich seiner Person schätzen und die es dann auch im Team einbringen kann.

Am Ende entfernt die Spielleitung die Bierdeckel der Reihe wieder vom Körper des Kindes und liest dabei jedes Mal noch einmal die einzelnen Eigenschaften vor. Wurden alle Bierdeckel zur Seite gelegt, steht das Kind langsam am besten über die Seitenlage auf.

Auf diese Weise können auch die anderen Kindern der Reihe nach in aller Ruhe etwas mehr über ihre positiven Eigenschaften erfahren.

Variante:

Im Gegensatz zu dem o. g. Spiel teilt die Spielleitung leise ein paar Eigenschaften mit, die ihrer Meinung nach auf das liegende Kind zutreffen. Sie schreibt die Eigenschaften auf jeweils einen Bierdeckel auf und bittet die übrigen Kinder, der Reihe nach jeweils einen beschrifteten Bierdeckel um das Kind herumzulegen, sodass ein großzügiger Kreis entsteht. Danach liest sie alle Eigenschaften, die auf den Bierdeckeln stehen, laut vor.

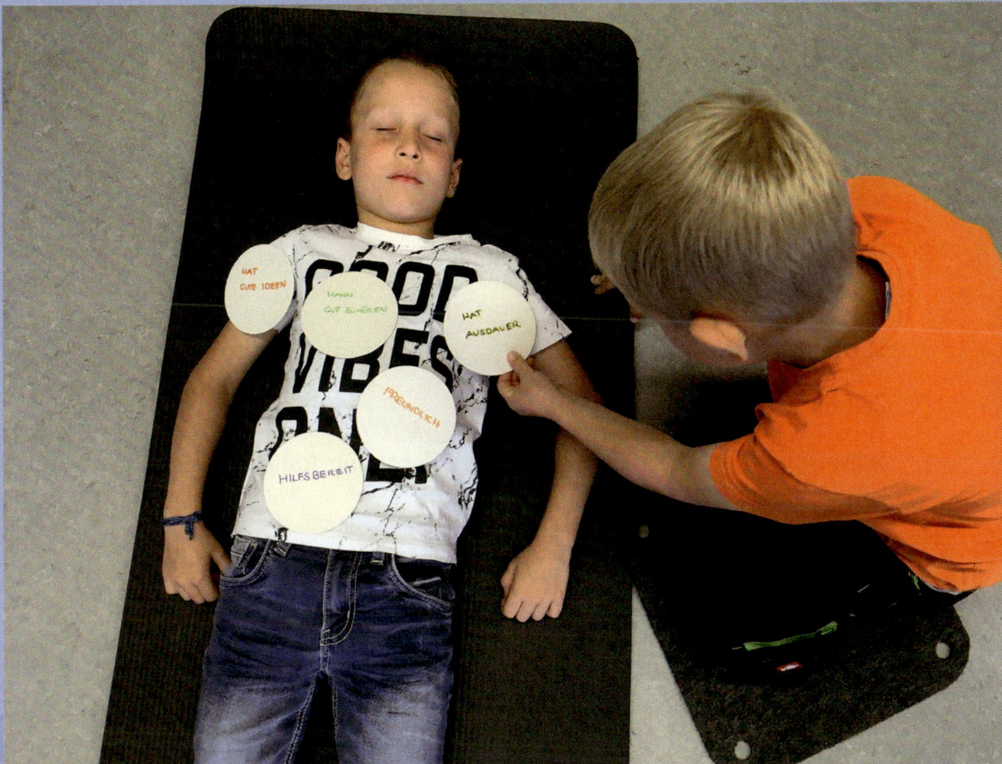

Indem die Kinder ganz entspannt und in aller Ruhe nicht nur ihre eigenen, sondern auch die Stärken der anderen bewusst wahrnehmen, entdecken sie viele positive Eigenschaften, die ein gutes Gefühl im Bauch bewirken und die sie miteinander verbinden

Am Ende darf das Kind auf Anweisung der Spielleitung hin langsam am besten über die Seitenlage aufstehen und den gelegten Kreis aus Bierdeckel bewundern, auf denen viele positive Eigenschaften stehen.

Der kleine Igel sucht ein Team

Alter: ab 3 Jahren

Material: für jedes zweite Kind 1 Igelball; evtl. 1 Abspielgerät und ruhige Instrumentalmusik

Sozialform: Klein- oder Großgruppe, gerade Anzahl

Zeitaufwand: 3–5 Minuten

Schwerpunkt: Taktile auch auditive Wahrnehmung, Ruheerlebnis, Zugehörigkeits- und Gemeinschaftsgefühl

Spielverlauf:
Die Hälfte der Kinder setzt sich rittlings auf ihren Stühlen zusammen im Kreis hin. Die übrigen Kinder holen sich jeweils einen Igelball und suchen sich jeweils ein Partnerkind aus, das im Stuhlkreis sitzt. Sie stellen sich hinter den Kindern im Außenkreis auf. Während nun die Spielleitung den folgenden Text laut und deutlich vorliest, massiert jedes Kind im Außenkreis das vor ihm sitzende Kind mithilfe seines Igelballs:

Ein kleiner Igel läuft hin und her.
Alleine sein fällt ihm sehr schwer.
Mit dem Igelball die Schultern massieren.

Ein Team zu haben, das wäre jetzt fein.
Dann wäre es auch nicht mehr so allein.
Den Igelball auf dem Rücken kreisförmig bewegen.

Ein Team macht auch ganz viel Mut.
Miteinander Ziele erreichen wäre gut.
Mit dem Igelball den ganzen Rücken massieren.

Vielleicht gibt es ein Team in einem Ort,
denkt sich der kleine Igel und ist fort.
Den Igelball kurz auf den Rücken ruhen und dann hinter dem Rücken verschwinden lassen.

Und wenn der kleine Igel kein Team finden kann.
Dann gründet er selbst ein Team irgendwann.
Alle bilden Fäuste, recken und strecken sich und jubeln vor Freude.

Eine Massage tut gut, baut das Körperschema auf und stärkt das Vertrauen zu anderen. Besonders schön ist es, wenn es dazu eine passende Geschichte oder ein Musikstück gibt, die den Teamgeist stärken.

Variante:
Während jedes Kind im Außenkreis das vor ihm sitzende Kind mithilfe des Igelballs massiert, lässt die Spielleitung leise die ruhige Instrumentalmusik im Hintergrund laufen. Im Anschluss daran sagt sie dann:

„Wir sind ein tolles Team und füreinander da
Wir tun uns gegenseitig gut und rufen: Hurra!“

Alle Kinder bilden Fäuste und strecken ihre Arme in die Luft. Dabei jubeln sie laut vor Freude.

Miteinander leicht gemacht

Alter: ab 5 Jahren

Material: 1 kleiner Tisch, für jedes Kind 2 Federn, 1 Klangschale

Sozialform: Kleingruppe

Zeitaufwand: 5 Minuten

Schwerpunkt: Visuelle und taktile Wahrnehmung, Kommunikation, Ruheerlebnis und Wir-Gefühl

Spielverlauf:
Die Kinder bilden einen Stuhlkreis, in dessen Mitte die Spielleitung einen kleinen Tisch platziert. Jedes Kind erhält dann von ihr zwei Federn.
Die Aufgabe der Kinder besteht darin, dass sie sich überlegen, weshalb vieles im Team leichter funktioniert. Die Gründe hierfür können z. B. sein, dass sie im Team jede Menge Ideen austauschen, Probleme leichter meistern, sich gegenseitig helfen oder einfach füreinander da sein können. Die Kinder teilen der Reihe nach zwei Dinge mit, bevor sie sich mit ihrem Stuhl an den Tisch setzen.
Auf diese Weise kommen immer mehr Kinder hinzu. Sobald alle Kinder zusammen am Tisch sitzen, halten sie ihre Federn so, dass sie sich gegenseitig berühren. Während nun alle Kinder ihre Augen schließen, lässt die Spielleitung die Klangschale mehrmals hintereinander erklingen. Danach sagt sie mit ruhiger Stimme:

„So leicht wie Federn, kann es im Team sein.
Auf jeden Fall bist du im Team niemals allein!"

Variante:
Alle Kinder setzen sich um einen kleinen runden Tisch herum, strecken ihre Arme in Richtung Tischmitte aus und halten dabei ihre Federn so, dass sie sich gegenseitig berühren. Die Spielleitung sagt den vorherigen Spruch auf. Immer wenn sie die Klangschale erklingen lässt, steht ein Kind auf und geht ein paar Schritte zurück. Auf diese Weise kommen auch die anderen Kindern hinzu, sodass alle irgendwann zusammen im Kreis stehen. Während nun die Spielleitung die Klangschale noch einmal erklingen lässt, halten sie sich gegenseitig an den Händen fest und gehen mit ihren Federn in der Hand langsam im Uhrzeigersinn herum. Das Spiel ist aus, sobald der Klang verklungen ist.

Wie leicht und entspannt es im Team sein kann, können die Kinder spielerisch mithilfe von Federn darstellen und dabei so ganz nebenbei einen Sinn für die Gemeinschaft entwickeln, die jedes Kind braucht.

Im Schneckentempo geht's gut

Alter: ab 3 Jahren

Material: 1 Schnecke aus Stoff, Papier o. Ä., 1 Klangschale, Papier o. Ä., für jedes Kind 1 Teppichfliese

Sozialform: Kleingruppe

Zeitaufwand: 2–3 Minuten

Schwerpunkt: Visuelle und auditive Wahrnehmung, Konzentration, Ausdauer, Ruheerlenbnis und Wir-Gefühl

Spielverlauf:

Die Kinder sitzen auf ihren Teppichfliesen zusammen im Kreis.
Eines von ihnen erhält von der Spielleitung eine Schnecke, z. B. aus Papier. Danach holt sich die Spielleitung noch eine Klangschale und sagt:

„Im Schneckentempo wachsen wir zusammen im Kreis.
Auf diese Weise entsteht ein starkes Team, wie jeder weiß.“

Während nun die Spielleitung die Klangschale erklingen lässt, darf ein Kind entweder die Schnecke einen Platz nach links oder rechts herum im Kreis reichen. Dasjenige Kind, das dann die Schnecke in den Händen hält, wartet ab, bis die Spielleitung die beiden Sätze wiederholt und dann erneut die Klangschale erklingen lässt. Das betreffende Kind gibt dann die Schnecke einen Platz in die zuvor gewählten Kreisrichtung weiter.
Auf diese Weise geht's immer weiter, bis das erste Kind wieder die Schnecke in den Händen hält.

Variante:

Die Kinder bilden einen Stuhlkreis. Immer wenn die Spielleitung die Klangschale anschlägt, wandert die Schnecke einen Platz nach links im Kreis herum. Sobald jedoch die Schnecke wieder beim Ausgangskind angekommen ist, rücken alle Kinder mit ihren Stühlen so weit nach vorne, dass ein enger Kreis entsteht. In diesem Zusammenhang macht die Spielleitung den Kindern bewusst, dass man auch nicht im Eiltempo, sondern langsam als Team zusammenwächst und somit alles seine Zeit braucht.

Im Schneckentempo aufeinander zugehen, die Verbundenheit im vertrauten Kreis spüren und dabei ganz entspannt den wohltuenden Klangen lauschen, schafft Sicherheit, Halt und Orientierung und fördert das Wir-Gefühl.

Alle in unserem Team mögen dich

Alter: ab 4 Jahren

Material: für jedes zweite Kind 1 Pfötchenpinsel; evtl. 1 Abspielgerät und ruhige Instrumentalmusik

Sozialform: Klein- oder Großgruppe, gerade Anzahl

Zeitaufwand: 3–5 Minuten

Schwerpunkt: Taktile und auditve Wahrnehmung, Ruheerlebnis und Wir-Gefühl

Spielverlauf:
Die Hälfte der Kinder sitzt rittlings auf ihren Stühlen im Kreis. Alle übrigen holen sich jeweils einen Pfötchenpinsel und stellt sich hinter den Kindern im Stuhlkreis hin. Während nun die Spielleitung die Geschichte laut vorliest, machen die Kinder mithilfe ihrer Pinsel die dazu passenden Bewegungen:

Ich male ein großes Herz für dich.
Alle in unserem Team mögen dich.
Ein Herz auf den Rücken zeichnen.

Deine Hilfsbereitschaft schätze ich.
Alle ringsherum mögen dich.
Einen Kreis auf den Rücken zeichnen.

Deine gute Ideen schätze ich.
Alle in unserem Team mögen dich.
Ein Herz auf den Rücken zeichnen.

Deine Fröhlichkeit schätze ich.
Alle ringsherum mögen dich.
Einen Kreis auf den Rücken zeichnen.

Ich male ein großes Herz für dich
Alle in unserem Team mögen dich.
Ein Herz auf den Rücken zeichnen.

Am Ende tauschen die beiden Gruppen ihre Sitzplätze, sodass die Pinselmassage erneut beginnen kann.

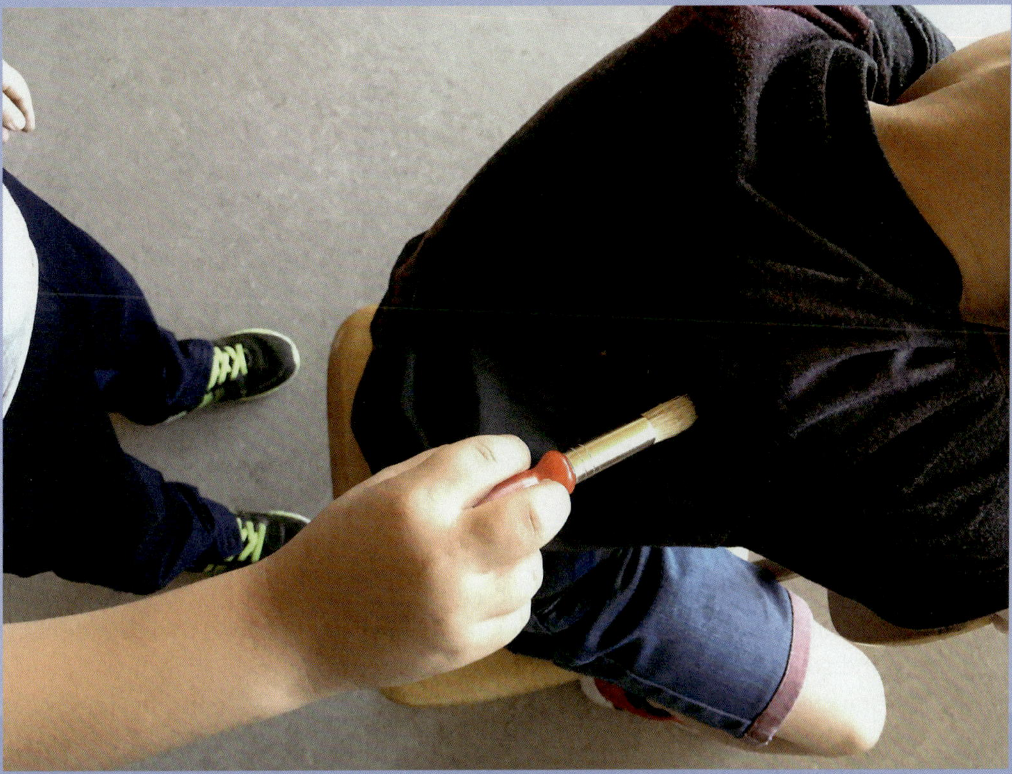

Eine Pinselmassage entspannt, hilft das Körperschema aufzubauen, stärkt das Selbstvertrauen und fördert nicht zuletzt durch eine dazu passende kurze Geschichte das Gefühl, ein wichtiger Teil des Teams zu sein.

Variante:
Während nun im Hintergrund die ruhige Instrumentalmusik läuft, dürfen alle Kinder im Außenkreis mithilfe des Pinsels den Rücken von ihren Partnerkindern im Stuhlkreis massieren. Sobald jedoch die Musik beendet ist, streicheln sie ihren Partnerkinder über die Schultern oder über den Kopf. Sie geben ihnen so zu verstehen, dass sie für das Team überaus wichtig sind und somit von allen sehr geschätzt werden.

Schlau und stark wie die Indianer

Alter: ab 4 Jahren

Material: 1 Regenmacher oder Regenstab (Effektinstrument), für jedes Kind 1 Teppichfliese

Sozialform: Kleingruppe

Zeitaufwand: 5–10 Minuten

Schwerpunkt: Auditive Wahrnehmung, Kommunikation, Ruheerlebnis und Teamgeist

Spielverlauf:
Die Kinder sitzen im Schneidersitz auf ihre Teppichfliesen in Kreis beisammen und spielen Indianer. Miteinander überlegen sie, welche Fähigkeiten Indianer brauchen, um in der freien Natur überleben zu können. Während nun die Kinder sich untereinander austauschen, greift die Spielleitung ein paar Stichwörter, wie z. B. Belastbarkeit, Ausdauer, Klugheit, Schnelligkeit und Kampfgeist auf, die auch in Bezug auf Teamspiele gefragt sind. Danach übergibt sie einem beliebigen Kind den Regenmacher und sagt dann z. B. Folgendes:

„Wie Indianer halten wir fest zusammen hier im Kreis.
Wir haben ganz viel Ausdauer, wie jeder von uns weiß!"

Während nun das Kind langsam den Regenmacher umdreht, dürfen alle Kinder ihre Augen schließen. Danach übergibt das Kind den Regenmacher demjenigen Kind, das links neben ihm auf der Kreisbahn sitzt. Es lässt ebenfalls den Regenmacher erklingen, sobald die Spielleitung auf die gleiche Weise die gleiche oder gar eine neue Fähigkeit benennt.
Erst wenn alle Indianer bzw. Kinder an der Reihe gewesen sind und mithilfe des Regenmachers ein Regengeräusch erzeugen konnten, ist das Spiel aus.

Variante:
Das Spiel verläuft zunächst so wie oben beschrieben. Erst wenn genügend Fähigkeiten benannt wurden, bittet die Spielleitung alle Kinder im Sitzkreis ihre Augen zu schließen. Danach dreht sie langsam den Regenmacher um, sodass ein sanftes

Kinder spielen in der Regel gerne Indianer, deren Können sie in der freien Natur besonders bewundern. Mithilfe des Spiels „Schlau und stark wie ein Indianer" können sie viele Stärken entdecken, die sie vielleicht selbst schon besitzen und im Team einbringen können.

Regengeräusch entsteht. Dabei sagt sie erst den o. g. Satz und benennt im zweiten Satz nochmals alle erwähnten Fähigkeiten der Reihe nach, sodass sich die Kinder die Stärken leichter merken können.

Viele Hände formen ein Kunstwerk

Alter: ab 5 Jahren

Material: 1 Handvoll Knetmasse, 1 Klangschale, 1 Abspielgerät und ruhige Instrumentalmusik

Sozialform: Kleingruppe

Zeitaufwand: 3–5 Minuten

Schwerpunkt: Taktile Wahrnehmung, Ausdauer, Ruheerlebnis und Wir-Gefühl

Spielverlauf:

Die Kinder bilden einen engen Stuhlkreis.

Die Spielleitung holt eine Handvoll Knetmasse, die alle ausgiebig in Augenschein nehmen dürfen. Danach übergibt sie einem der Kinder die Knetmasse und schaltet die Instrumentalmusik ein, die leise im Hintergrund läuft. Während nun das Kind die Knetmasse nach Belieben in der Hand formt, schließen alle Kinder ihre Augen. Sobald jedoch die Spielleitung die Klangschale anschlägt, übergibt das Kind die Knetmasse möglichst mit geschlossenen Augen demjenigen Kind, das links neben ihm im Stuhlkreis sitzt. Das betreffende Kind darf dann das, was das erste Kind angefangen hat, einfach weiterführen. Das geht wieder so lange, bis die Spielleitung abermals die Klangschale erklingen lässt.

In dem Moment, wenn alle Kinder an der Reihe gewesen sind und somit das letzte Mal die Klangschale erklingt, dürfen alle auf Anweisung der Spielleitung hin ihre Augen öffnen. Die Kinder schauen nun nach, welches Kunstwerk sie miteinander und somit im Team geschaffen haben.

Variante:

Im Gegensatz zu dem vorherigen Spiel sollen die Kinder auf Anweisung der Spielleitung hin mithilfe der Knetmasse etwas ganz Bestimmtes, wie z. B. ein Herz, ein Hufeisen oder eine Weltkugel formen. Währenddessen schließen sie ihre Augen und sind gespannt auf das Ergebnis.

„Miteinander Hand in Hand ganz entspannt arbeiten und dabei das gegenseitige Vertrauen und die Ruhe genießen, das können die Kinder auf verspielte Weise u. a. mit einer Handvoll Knetmasse erleben.

Im Team geht vieles leichter

Alter: ab 4 Jahren

Material: 1 Luftballon, 1 Klangschale; evtl. für jedes Kind 1 Luftballon

Sozialform: Kleingruppe

Zeitaufwand: 3–5 Minuten

Schwerpunkt: Taktile Wahrnehmung, Kommunikation, Ruheerlebnis, Zugehörigkeits- und Gemeinschaftsgefühl

Spielverlauf:
Die Kinder bilden einen engen Stuhlkreis. Die Spielleitung holt einen aufgeblasenen Luftballon und teilt der Gruppe mit, dass es viele Dinge gibt, die insbesondere im Team viel Freude bereiten, wie z. B Ideen austauschen, ein gemeinsames Ziel erreichen und im Morgenkreis spielen. Die Kinder sollen nun mithilfe eines aufgeblasenen Luftballons spüren, wie leicht sich alles in einem starken Team anfühlen kann.
Auf Bitte der Spielleitung hin schließen alle ihre Augen. Eines der Kinder bekommt von der Spielleitung den Luftballon in die Hand gedrückt. Während nun die Spielleitung die Klangschale erklingen lässt, tastet das Kind behutsam den Luftballon ab. Ist der Klang verklungen, übergibt es den Luftballon demjenigen Kind, das links neben ihm im Stuhlkreis sitzt. Die Spielleitung schlägt erneut die Klangschale an. Dabei tastet das Kind ebenfalls den Luftballon in aller Ruhe ab.
Auf diese Weise geht's immer weiter, bis das erste Kind in der Runde wieder den Luftballon in den Händen hält.

Variante:
Alle Kinder im Stuhlkreis bekommen von Anfang an einen Luftballon von der Spielleitung auf den Schoß gelegt. Die Spielleitung erklärt den Kindern, was sie alles gemeinsam viel leichter bewältigen können. Die Kinder sollen sich dann mithilfe des Luftballons bewusst machen, wie leicht sich das plötzlich anfühlen kann. Dabei dürfen die Kinder ihre Augen schließen und die wohltuenden wiederkehrenden Klänge der Klangschale genießen.
Nach ca. einer Minute beendet die Spielleitung das Spiel, indem sie die Kinder bittet, ihre Augen wieder zu öffnen und dabei aufhört die Klangschale anzuschlagen.

Miteinander geht vieles leichter und besser. Mithilfe eines Luftballons, der sich besonders leicht anfühlt, lässt sich das auf verspielte Weise hervorragend verdeutlichen.

Unser Team als Orchester

Rhythmus- und Musikspiele, die im Kreis das perfekte Zusammenspiel fördern

Im Morgenkreis haben Kinder besonders viel Freude an Rhythmus- und Musikspielen, da diese sehr vielseitig durchgeführt werden können. Indem z. B. ein Orchesterteam ein Lied musikalisch begleitet, kann das Tanzteam sich im Takt zur Melodie im Innenkreis bewegen und dabei verschiedenfarbige Chiffontücher in der Luft hin und her schwingen. Das setzt jedoch voraus, dass jedes Team genau weiß, wann sein Einsatz kommt und was zu tun ist, damit das Ganze dann auch gut aufeinander abgestimmt ist. Außerdem können die Kinder im Morgenkreis nicht nur besonders gut musikalisch miteinander in Kontakt treten, sondern dabei auch ihre Stühle oder gar ihren eigenen Körper als Musikinstrument benutzen.

In diesem Kapitel werden nun jede Menge Rhythmus- und Musikspiele vorgestellt, bei denen die Kinder durch Musik, Spiel und Tanz relevante Teamerfahrungen sammeln können. Sie fördern nämlich nicht nur die akustische Aufmerksamkeit, das Rhythmusgefühl und die Vorstellungskraft, sondern auch das Selbstwertgefühl und nicht zuletzt den Teamgeist. Die Kinder üben auf verspielte Weise, sich aufeinander einzulassen, miteinander zu singen, zu tanzen und zu musizieren. Damit es jedoch überhaupt zu einem musikalischen Zusammenspiel kommen kann, müssen die Kinder lernen einander zu zuhören, sich gegenseitig zu respektieren und wertzuschätzen. Demzufolge können Kinder in Bezug auf die Teamarbeit viel von einem Orchester lernen, bei dem der Dirigent, der in diesem Fall nicht nur die Spielleitung zu sein braucht, permanent im Dialog mit dem Orchester steht. Auf diese Weise sind alle mit viel Leidenschaft und Engagement von Anfang an dabei, sodass sich daraus auch bald ein tolles Team entwickeln kann.

„Das Beste an Musik steht nicht in den Noten."

Gustav Mahler (1860–1911), österreichischer Komponist und Dirigent

Komm in unser Orchester

Alter: ab 3 Jahren

Material: für jedes Kind 1 Rhythmusinstrument, wie z. B. Rassel, 1 Abspielgerät und Tanzmusik

Sozialform: Kleingruppe

Zeitaufwand: 3–4 Minuten

Schwerpunkt: Auditive Wahrnehmung, Kommunikation, Rhythmusgefühl und Teamgeist

Spielverlauf:

Die Kinder sitzen im Stuhlkreis beisammen. Die Spielleitung legt unter jeden Stuhl ein Rhythmusinstrument und ruft eines der Kinder namentlich auf, das nun sein Instrument unter dem Stuhl hervorholen darf.

Die Spielleitung schaltet nun die Musik ein, die das Kind mithilfe seines Instruments rhythmisch begleitet. Irgendwann dreht die Spielleitung die Musik für einen kurzen Augenblick etwas leiser, um ein weiteres Kind namentlich zu benennen, das die Musik ebenfalls mit seinem Instrument rhythmisch begleiten darf. Auf diese Weise kommen auch die übrigen Kinder hinzu, die irgendwann ein ganzes Orchester bilden. Sobald jedoch die Musik beendet ist, legen die Kinder ihre Instrumente auf ihren Ausgangsplatz zurück.

Variante:

Ein beliebiges Kind beginnt und holt sein Instrument unter dem Stuhl hervor.

Erst wenn es die Musik mithilfe seines Instruments begleitet, holt dasjenige Kind, das links neben ihm im Stuhlkreis sitzt, sein Instrument unter dem Stuhl hervor, um auf die gleiche Weise mitzumachen. Danach tut es ihm dasjenige Kind gleich, das wiederum links neben ihm im Stuhlkreis sitzt.

Auf diese Weise bilden die Kinder nach und nach ein großes Orchester, das erst aufhört zu spielen, sobald das Musikstück beendet ist.

Indem immer mehr Kinder im Morgenkreis miteinander musizieren, entsteht bald ein großes Orchester. Auf diese Weise können dann alle das musikalische Zusammenspiel genießen.

Wir sind ein Orchester

Alter: ab 4 Jahren

Material: für jedes Kind 1 Rhythmusinstrument, 1 Gymnastikreifen oder ein paar Seile, 1 Abspielgerät und Tanzmusik

Sozialform: Klein- oder Großgruppe

Zeitaufwand: 5 Minuten

Schwerpunkt: Visuelle und auditive Wahrnehmung, Konzentration, Ausdauer, Kommunikation, Rhythmusgefühl und Teamgeist

Vorbereitung:
Je nachdem, wie viele Kinder aktiv mitmachen, legt die Spielleitung entweder einen Reifen in die Kreismitte oder verwendet hierfür Seile, die sie zu einem großen Kreis anordnet. Sie legt für jedes Kind ein Rhythmusinstrument in den Kreis, um den die Kinder dann einen Stuhlkreis bilden.

Spielverlauf:
Die Spielleitung teilt den Kindern mit, das sie alle nun ein großes Orchester bilden. Aus diesem Grund gehen die Kinder der Reihe nach im Uhrzeigersinn in Richtung Kreismitte, um sich ein Instrument zu holen.
Sobald jedes Kind wieder im Stuhlkreis sitzt, schaltet die Spielleitung die Musik ein. Sie stellt sich in die Kreismitte und spielt den Dirigenten. Indem sie auf ein bis zwei Kinder deutet, dürfen die betreffenden Kinder die Musik mit ihren Instrumenten begleiten. Dabei machen auch diejenigen Kinder mit, die zufällig das gleiche Instrument in den Händen halten. Alle übrigen Kinder warten ab, bis sie an der Reihe sind bzw. die Spielleitung auf sie deutet. Dabei musizieren die vorherigen Kinder einfach weiter.
Auf diese Weise kommen immer mehr Instrumente hinzu, bis schließlich alle Kinder miteinander die Musik mithilfe der Rhythmusinstrumente begleiten.
Das geht so lange, bis das Musikstück beendet ist.

Variante:
Die Kinder singen ein für alle bekanntes Lied. Sobald jedoch die Spielleitung auf zwei Kinder deutet, stehen die betreffenden Kinder auf, um die Melodie mithilfe ihrer Rhythmusinstrumente zu begleiten. Das geht so lange, bis sie auf zwei wei-

Die Kinder sind sehr stolz darauf, wenn das musikalische Zusammenspiel gelingt. Dabei kann die Spielleitung die Rolle des Dirigenten einnehmen.

tere Kinder deutet. Während nun diese beiden Kinder aufstehen und die Melodie mithilfe ihre Rhythmusinstrumente begleiten, setzen sich die beiden vorherigen Kinder wieder auf ihren Stühlen hin und singen einfach mit.
Sobald jedoch die Spielleitung einmal links im Kreis herum mit dem Finger zeigt, dürfen alle Kinder aufstehen und die Musik so lange rhythmisch begleiten, bis das Musikstück beendet ist.

Alle hören auf mich

Alter: ab 4 Jahren

Material: –

Sozialform: Klein- oder Großgruppe

Zeitaufwand: 5–10 Minuten

Schwerpunkt: Visuelle und auditive Wahrnehmung, Rhythmusgefühl und Wir-Gefühl

Spielverlauf:
Alle Kinder bis auf eines bilden einen Stuhlkreis.
Das übrige Kind stellt sich in die Kreismitte und stellt einen Rhythmus vor, indem es z. B. klatscht. Die anderen Kinder machen sofort mit, indem sie genauso vom Platz aus im Takt in die Hände klatschen. Das geht so lange, bis das Kind auf Anweisung der Spielleitung hin seinen Platz mit einem anderen im Stuhlkreis tauscht, das ausgehend von der Kreismitte einen neuen Rhythmus vorstellen darf, indem es z. B. mit den Händen auf die Oberschenkel patscht. Die übrigen Kinder patschen wieder so lange rhythmisch auf den Oberschenkeln mit, bis das Stoppsignal durch die Spielleitung erfolgt.
Das Rhythmusspiel ist beendet, sobald jedes Kind einmal in der Kreismitte einen Rhythmus vorstellen konnten.

Variante:
Bis auf zwei Kinder bilden alle übrigen Kinder einen Innen- und Außenkreis und zwar so, dass immer zwei Kinder sich direkt gegenüber stehen. Die beiden übrigen Kinder stellen sich in der Kreismitte gegenüber auf und klatschen sich rhythmisch mit beiden Händen gegenseitig ab. Auf diese Weise machen die übrigen Paare so lange mit, bis die Spielleitung ein anderes Paar bittet, in die Kreismitte zu treten und einen neuen Rhythmus vorzustellen. Die beiden Kinder, die bereits in der Mitte stehen, gesellen sich dann zu den anderen und machen ebenfalls mit.

Ein Kind klatscht z. B. rhythmisch in die Hände. Damit jedoch auch die übrigen Kindern auf die gleiche Weise den Rhythmus begleiten können, brauchen sie nicht nur Taktgefühl, sondern auch ein gut eingespieltes Team, das so wie sie selbst „tickt" und auf das sie sich jederzeit verlassen können.

2er-Musikteam

Alter: ab 3 Jahren

Material: 2 × 3 Rhythmusinstrumente, 1 kleiner Tisch, 1 Abspielgerät und Tanzmusik; evtl. für jedes Paar zwei gleiche Instrumente, die sich jedoch von den anderen unterscheiden

Sozialform: Klein- oder Großgruppe; gerade Anzahl

Zeitaufwand: 5–10 Minuten

Schwerpunkt: Auditive Wahrnehmung, Rhythmusgefühl und Teamgeist

Spielverlauf:
Die Spielleitung stellt auf einen Tisch sechs Rhythmusinstrumente, die stets zweimal vorhanden sind. Die Kinder bilden um den Tisch herum einen Stuhlkreis.
Die Spielleitung benennt nun ein Kind namentlich, das ein weiteres Kind auswählen darf. Miteinander gehen beide in Richtung Kreismitte, um z. B. zwei Rasseln zu holen.
Zum Rhythmus der Musik dürfen die beiden Kinder dann die Melodie mithilfe ihrer Rasseln begleiten. Alle übrigen Kinder paschten einfach im Takt auf ihren Oberschenkeln mit. Das geht so lange, bis die Spielleitung die Pausentaste des Abspielgeräts drückt. Erst wenn die Zwei wieder auf ihren Plätzen im Stuhlkreis sitzen, wählt die Spielleitung ein neues Kind aus, das mit einem Partnerkind dann das Musikspiel in der Kreismitte mithilfe eines neuen Instrumentenpaars fortsetzen darf.
Auf diese Weise geht's immer weiter, bis die Musik beendet ist.

Variante:
Die Spielleitung verteilt die Instrumente unter den Kindern im Stuhlkreis.
Zum Rhythmus der Musik dürfen erst einmal alle Kinder mit den Füßen auf den Boden stampfen. Sobald jedoch die Spielleitung auf ein Kind mit einem Instrument zeigt, darf das betreffende Kind aufstehen und mithilfe seines Instruments den Rhythmus begleiten. Dasjenige Kind, das das gleiche Instrument in den Händen hält, macht sofort mit. Alle übrigen Kinder stampfen einfach weiter im Takt mit den Füßen auf den Boden. Das geht so lange, bis die Spielleitung auf ein ande-

Mithilfe von zwei gleichen Instrumenten lässt sich schnell ein 2er-Musikteam bilden, das stolz sein Können den anderen musikalisch präsentieren kann. Damit das jedoch gelingt, müssen beide Kinder als Team gut funktionieren und somit miteinander musizieren.

res Kind mit einem Instrument zeigt. Während nun die beiden vorherigen Kinder sich wieder auf ihre Stühlen setzen und aufmerksam zuhören, dürfen die beiden neuen Kinder, die die gleichen Instrumente in den Händen halten, ihr Können zeigen.
Auf diese Weise geht's immer weiter, bis die Musik beendet ist.

Klangschönes Blumenfeld

Alter: ab 4 Jahren

Material: für jedes Kind 1 Chiffontuch, 1 Klangschale

Sozialform: Kleingruppe

Zeitaufwand: 2–3 Minuten

Schwerpunkt: Visuelle, auditive und taktile Wahrnehmung sowie Motorik und Wir-Gefühl

Spielverlauf:

Die Kinder holen sich jeweils ein Chiffontuch und bilden einen Kreis.
Während sie nun das Tuch zu einem Knäuel formen und dieses so in den geschlossenen Händen halten, lässt die Spielleitung die Klangschale erklingen. Miteinander öffnen die Kinder langsam ihre Hände, sodass das Tuch allmählich so wie eine Blüte zum Vorschein kommt. Wird es den Kindern als Team gelingen, alle „Blüten" erscheinen zu lassen? Das ganze „Blumenfeld" soll sichtbar werden, bevor der Klang verklungen ist. Ansonsten wiederholen die Kinder am besten gleich noch einmal dieses klangschöne Blumenspiel.

Variante:

Die Kinder sollen auf Anweisung der Spielleitung hin gleichzeitig die „Blüten" so wie im vorherigen Spiel beschrieben, jedoch ohne den Einsatz der Klangschale zum Vorschein bringen. Erst wenn alle Kinder das Tuch so wie eine Blüte in ihren Händen halten, lässt die Spielleitung die Klangschale erklingen. Schaffen es die Kinder als Team die „Blüten" so lange in den Händen zu halten, bis der Klang verklungen ist?
Falls nicht, fangen sie einfach noch einmal von vorne an.

Sich vom Klang der Klangschale inspirieren lassen, sodass dann alle gleichzeitig ihre „Blüten" herzeigen können, ist nur dann möglich, wenn alle im Team sich von Anfang an aufeinander einlassen und zusammen spielen.

Vier Tanzfüße

Alter: ab 4 Jahren

Material: 1 Abspielgerät und Tanzmusik

Sozialform: Klein- oder Großgruppe; gerade Anzahl

Zeitaufwand: 3–4 Minuten

Schwerpunkt: Auditive und taktile Wahrnehmung, Rhythmusgefühl, Koordination und Teamgeist

Spielverlauf:

Alle Kinder mit Ausnahme von zwei Kindern bilden eine Stuhlkreis.

Die zwei Kinder setzen sich im Innenkreis direkt gegenüber auf den Boden und zwar so, dass sie sich gegenseitig mit ihren Füßen berühren können.

Zum Rhythmus der Musik klatschen alle Kinder im Stuhlkreis in die Hände. Dabei winkeln und strecken die beiden Kinder im Takt abwechselnd ihre Beine an und aus und zwar so, dass sie gegenseitig mit ihren Füßen stets in Kontakt bleiben. Die übrigen Kinder sind gespannt, ob das 2er-Team die gemeinsame Aufgabe so lange durchführen kann, bis die Spielleitung die Musik stoppt. Unabhängig davon, darf dann ein neues 2er-Team mit dem vorherigen den Platz tauschen und das Spiel neu starten, sobald die Musik wieder abgespielt wird.

Auf diese Weise finden noch ein paar Durchgänge statt.

Variante:

Bis auf zwei Kinder stehen alle zusammen im Kreis.

Danach verläuft das Spiel so wie bereits beschrieben. Sobald jedoch die Musik stoppt, kommen zwei weitere Kinder hinzu, welche die Spielleitung namentlich benennt.

Auf diese Weise geht's immer weiter, bis alle Paare so wie im vorherigen Spiel beschrieben auf dem Boden sitzen und dabei im Takt zur Melodie ihre Füße bewegen.

Mit einem Partnerkind können die Kinder nicht nur singen, tanzen und musizieren, sondern auch auf höchst kreative Weise so wie hier mit den Füßen den Rhythmus der Musik begleiten. Damit das jedoch gelingt, ist eine gute Koordination und ein gutes Zusammenspiel unerlässlich.

Musik-, Künstler- und Tanzteams

Alter: ab 4 Jahren

Material: jeweils 3 Chiffontücher, Luftballons und Rhythmusinstrumente, 1 Abspielgerät und Tanzmusik

Sozialform: Klein- oder Großgruppe

Zeitaufwand: 6–8 Minuten

Schwerpunkt: Auditive und visuelle Wahrnehmung sowie Rhythmusgefühl und Teamgeist

Vorbereitung:
Die Spielleitung ordnet jeweils drei Chiffontücher, Luftballons und Rhythmusinstrumente kreativ auf dem Boden an.

Spielverlauf:
Die Kinder bilden einen großzügigen Stuhlkreis um die Sachen herum.
Ein beliebiges Kind beginnt und sucht sich etwas Schönes aus, wie z. B. ein Chiffontuch. Das Kind wählt dann zwei weitere Kinder aus, die sich auch jeweils ein Chiffontuch holen dürfen. Die Spielleitung schaltet nun die Tanzmusik ein, zu der dann das Tanzteam seine Tücher rhythmisch bewegt. Die übrigen Kinder patschen im Takt zur Musik auf ihren Oberschenkeln. Das geht jedoch nur so lange, bis die Spielleitung die Musik ausschaltet. Während nun das Tanzteam die Tücher wieder zurück bringt und sich in den Stuhlkreis setzt, wählt die Spielleitung ein neues Kind aus, das sich z. B. eine Rassel holt, um nun mit zwei weiteren Kindern, die sich ebenfalls jeweils eine Rassel holen dürfen, ein Musikteam zu bilden.
Die Spielleitung schaltet dann wieder die Musik ein, welche das Musikteam mit seinen Instrumenten rhythmisch begleitet. Alle übrigen Kinder patschen wieder im Takt zur Musik auf ihre Oberschenkel. Das geht jedoch nur so lange, bis die Musik erneut stoppt und ein weiteres Kind, das die Spielleitung benennt, sich z. B. einen Luftballon holt, um mit zwei weiteren Kindern ein Künstlerteam zu bilden.
Auf diese Weise geht's immer weiter, bis alle Kinder in irgendeinem Team im Takt zur Musik etwas Schönes im Innenkreis vormachen konnten.

Nicht nur Rhythmusinstrumente, sondern auch vielseitig verwendbare Materialien, wie z. B. Chiffontücher und Luftballons, eignen sich hervorragend für gemeinsame Musikspiele. Sie beflügeln die Fantasie und fördern enorm das gute Miteinander.

Variante:

Zum Rhythmus der Musik machen zwei Teams, wie z. B. ein Musik- und Tanzteam eine kleine Show für die übrigen Kinder im Stuhlkreis. Das geht so lange, bis die Spielleitung die Musik stoppt und zwei neue Teams im Innenkreis an der Reihe sind.

Das Spiel ist aus, sobald alle Kinder sich in irgendeinem Team aktiv beteiligen konnten.

Ein Musikteam im Innenkreis

Alter: ab 4 Jahren

Material: 1 Abspielgerät und Tanzmusik

Sozialform: Klein- oder Großgruppe

Zeitaufwand: 3–4 Minuten

Schwerpunkt: Visuelle und auditive Wahrnehmung sowie Rhythmusgefühl und Teamgeist

Spielverlauf:
Bis auf zwei Kinder setzen sich alle Kinder in den Stuhlkreis.
Die beiden übrigen Kinder bilden ein Team und stellen sich direkt gegenüber im Innenkreis auf. Danach gehen sie in die Hocke.
Zum Rhythmus der Tanzmusik klatschen die beiden Kinder sich gegenseitig mit den Händen ab. Alle übrigen Kinder winkeln seitlich ihre Arme an und klatschen dann im Takt vom Platz aus ihr linkes und rechtes Nachbarkind ab. Sobald jedoch die Musik stoppt, tauschen die beiden Kinder im Innenkreis mit jeweils einem anderen Kind den Platz, die nun so wie das vorherige 2er-Team den Rhythmus der Musik begleiten dürfen.
Auf diese Weise geht's immer weiter, bis jedes Kind mit einem anderen Kind ein 2er-Team bilden und schließlich im Innenkreis den Rhythmus der Musik begleiten konnte.

Variante:
Die Kinder stellen ihre Stühle mit der Lehne in Richtung Kreismitte auf und setzen sich paarweise so wie im vorherigen Spiel beschrieben im Innenkreis hin.
Zum Rhythmus der Musik klatscht jedes Kind sein Partnerkind mit beiden Händen ab. Irgendwann jedoch stoppt die Musik. Das Paar, das nach Meinung der Spielleitung nun besonders schnell ruhig in der Hocke sitzen bleibt, darf ein weiteres benennen, das sich vor jeweils einen Stuhl im Außenkreis hinkniet. Danach schaltet die Spielleitung wieder die Musik ein. Während nun die beiden Kinder im Außenkreis im Takt auf ihre Sitzflächen mit beiden Händen trommeln, setzen die

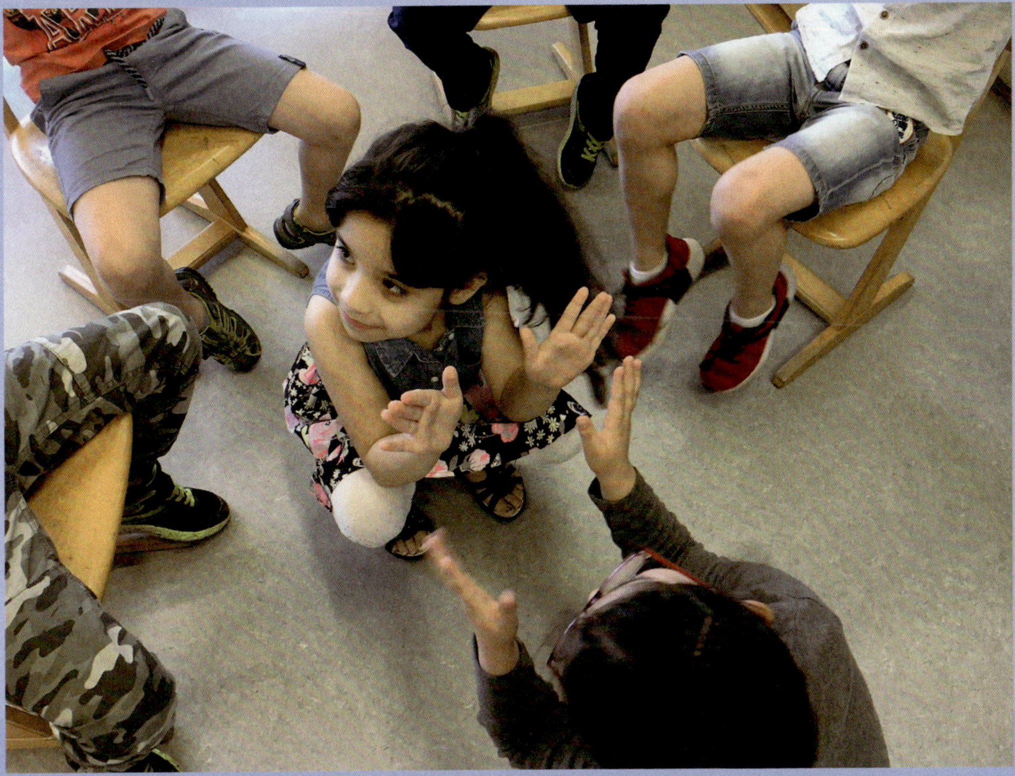

Zu zweit ein Team bilden und sich gegenseitig im Takt zur Musik abklatschen, macht Spaß und trägt dazu bei, dass die Kinder untereinander relativ schnell ein gutes Vertrauen aufbauen und dabei auch viel Freude am gemeinsamen Tun entwickeln.

übrigen Paare im Innenkreis das Spiel erneut fort. Das geht so lange, bis die Musik abermals stoppt und sich ein weiteres Paar zum Trommelteam begeben darf. Sobald jedoch alle Kinder im Außenkreis direkt vor den Stühlen knien und auf der Sitzfläche trommeln, ist das Musikspiel beendet.

Galopp, Galopp, Galopp, ...

Alter: ab 5 Jahren

Material: für jedes zweite Kind 1 Schellenkranz

Sozialform: Klein- oder Großgruppe, gerade Anzahl

Zeitaufwand: 3–4 Minuten

Schwerpunkt: Auditive Wahrnehmung, Rhythmusgefühl und Wir-Gefühl

Spielverlauf:
Die Hälfte der Kinder setzt sich rittlings auf ihre Stühle im Kreis hin. Daher zeigen die Stuhllehnen in Richtung Innenkreis. Alle übrigen Kinder holen sich jeweils einen Schellenkranz und stellen sich hinter jeweils einem Kind im Stuhlkreis hin. Miteinander singen die Kinder im Außenkreis z. B. das altbekannte Lied „Hoppe Hoppe Reiter". Dabei lassen sie ihre Schellenkränze im Takt zur Melodie erklingen. Gleichzeitig dürfen die Kinder auf ihren Stühlen „reiten", indem sie im Takt unaufhörlich ihr Gesäß auf und ab bewegen. Gelingt das Zusammenspiel zwischen den Kindern im Außenkreis und den Kindern, die sich im Stuhlkreis befinden? Unabhängig davon, tauscht jedes Kind mit seinem Partnerkind den Platz, sobald das Lied beendet ist.
Danach wiederholen die Kinder das Spiel noch einmal von ganz vorne.

Variante:
Sobald die Spielleitung auf ein Paar deutet, darf das Kind im Außenkreis einen Rhythmus mitklatschen, den die Spielleitung vorstellt. Dasjenige Kind, das vor ihm rittlings auf seinem Stuhl sitzt, bewegt dann sein Gesäß im Takt auf und ab. Zeigt die Spielleitung auf ein anderes Paar, macht dieses ebenfalls mit.
Das geht so immer weiter, bis alle Paare dabei sind.

Ein 2er-Team bilden und mit anderen 2er-Teams musikalisch in Kontakt treten, fördert nicht nur die Freude an Musik, sondern weckt auch den Teamgeist im Morgenkreis.

Daumen hoch

Alter: ab 5 Jahren

Material: 1 kleiner Tisch, 1 Abspielgerät und Tanzmusik

Sozialform: Kleingruppe

Zeitaufwand: 3–4 Minuten

Schwerpunkt: Taktile Wahrnehmung, Rhythmusgefühl und Teamgeist

Spielverlauf:
Die Kinder bilden um einen kleinen Tisch herum einen großzügigen Kreis.
Ein beliebiges Kind, das die Spielleitung namentlich benennt, geht in Richtung des Tisches. Es kniet sich direkt vor den Tisch hin und ruft ein anderes Kind herbei, das sich dazugesellt. Das Kind wiederum benennt ein weiteres Kind im Kreis, das sich ebenfalls vor den Tisch hinknien darf.
Auf diese Weise geht's immer weiter, bis alle um den Tisch herum knien. Auf ein Kommando der Spielleitung hin dürfen die Kinder nun ihre Fäuste aufeinander stellen und diese zum Rhythmus der Musik gemeinsam bewegen. Dabei sollen die Fäuste stets miteinander im Kontakt bleiben.
Wird das Vorhaben dem Team bis zum Musikende gelingen? Ansonsten wiederholen die Kinder einfach noch einmal das Musikspiel.

Variante:
Die Kinder stellen ihre Stühle so auf, dass die Lehnen in Richtung Kreismitte zeigen. Sie knien sich dann um den kleinen Tisch herum und türmen ihre beide Fäuste der Reihe nach aufeinander.
Miteinander dürfen sie nun im Takt zur Musik ihre Fäuste bewegen. Sobald jedoch die Musik stoppt, darf dasjenige Kind, dessen beide Fäuste sich ganz oben befinden, aufstehen und sich vor seinen Stuhl im Außenkreis hinknien. Danach spielt die Spielleitung die Musik wieder ab. Das Kind im Außenkreis trommelt dann im Takt zur Musik mit den Fäusten auf die Sitzfläche. Alle übrigen setzen das Spiel einfach fort. Das geht wieder so lange, bis die Musik stoppt und dasjenige Kind, dessen beide Fäuste nun ganz oben liegen, sich zu dem Kind im Außenkreis gesellt.

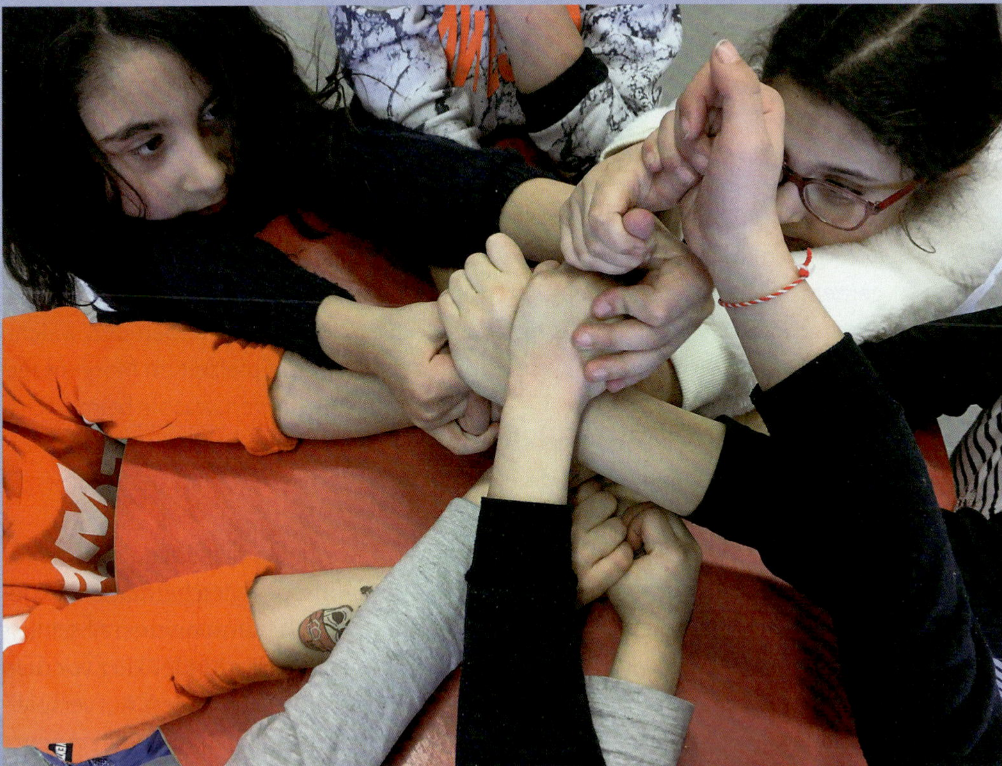

Sich aufeinander einlassen und gemeinsam ein Ziel verfolgen, macht mit Musik gleich doppelt so viel Spaß. Auf diese Weise entsteht sofort eine besonders lockere Atmosphäre im Morgenkreis, die sich wiederum positiv auf den Teamgeist auswirkt.

Auf diese Weise geht's immer weiter, bis entweder ein Kind oder mehrere Kinder ihre Fäuste nicht mehr aufeinander getürmt haben oder alle Kinder im Außenkreis mit ihren Fäusten im Takt zur Musik auf ihre Sitzfläche trommeln. Im letzteren Fall haben alle gemeinsam die Aufgabe hervorragend gemeistert.

Wir sagen Danke und Tschüss!

Genialer Abschluss für das Kinderteam im Morgenkreis

Die Kinder können im Abschlusskreis besonders entspannt und harmonisch die gemeinsam verbrachte Spielzeit ausklingen lassen. Miteinander können sie u. a. besprechen, was sie heute als besonders schön empfunden haben und welche Teamspiele sie sich vielleicht hinsichtlich der nächsten Spielzeit im Morgenkreis wünschen würden. Auf verspielte Weise können sie erfahren, was sie beim nächsten Zusammentreffen im Kreis erwartet, bevor sie schließlich ihr Team im Morgenkreis verlassen, um sich anderen Dingen im Kindergartenalltag zu widmen.

In diesem letzten Kapitel finden Sie jede Menge geniale Spielideen speziell für den Abschlusskreis, die sich für kleine und große Gruppen gleichermaßen anbieten. Die Abschlussspiele eignen sich nicht nur für einen harmonischen Abschluss im Morgenkreis, sondern sind auch geradezu ideal, um die Kinder kurz vor dem Nachhausegehen in einer für sie vertrauten Runde zu verabschieden. Auf verspielte Weise können die Kinder so auch ihre Erfahrungen und Erlebnisse, die sie heute gemeinsam gemacht haben, noch einmal Revue passieren lassen und sich dabei voller Freude an die vielen schönen gemeinsamen Momente erinnern. Das wiederum wirkt sich positiv auf die Stimmung im Abschlusskreis aus und fördert enorm das Wir-Gefühl. Nicht zuletzt wird spielerisch die Vorfreude auf weitere Teamspiele gestärkt, die ein fester Bestandteil im Morgenkreis sein können. Indem das Ganze dann immer im Abschlusskreis endet, kann daraus bald ein schönes Ritual werden, auf das die Kinder sich stets verlassen und aufs Neue freuen dürfen.

*„Nur wer sich auf den Weg macht,
wird neues Land entdecken."*

Hugo von Hofmannsthal (1874–1929), österreichische Schriftsteller, Dramatiker, Lyriker und Librettist

Dankeschön und Tschüss

Alter: ab 3 Jahren

Material: –

Sozialform: Klein- oder Großgruppe

Zeitaufwand: 5–6 Minuten

Schwerpunkt: Visuelle Wahrnehmung, Kommunikation und Wir-Gefühl

Spielverlauf:
Die Kinder sitzen zusammen im Stuhlkreis.
Eines von ihnen geht auf ein anderes zu, um es per Handschlag zu verabschieden. Es bedankt sich auch dafür, dass es heute bei den Teamspielen im Morgenkreis mitgemacht hat. Danach tauschen beide Kinder ihre Plätze. Danach geht das neue Kind im Innenkreis in Richtung eines anderen Kindes, um es auf die gleiche Weise zu verabschieden. Dann stellt sich das zweite Kind direkt hinter dessen Stuhl hin.
Auf diese Weise geht's immer weiter, bis alle Kinder im Außenkreis stehen und schließlich gemeinsam den Stuhlkreis verlassen.

Variante:
Eines der Kinder beginnt und verabschiedet sich per Handschlag von demjenigen Kind, das links neben ihm im Stuhlkreis sitzt. Dabei bedankt es sich bei ihm so wie im vorherigen Spiel beschrieben. Danach verabschiedet sich das zweite Kind auf die gleiche Weise bei seinem linken Nachbarkind und stellt sich dann direkt hinter seinem Stuhl hin.
So geht's immer weiter, bis alle Kinder sich im Außenkreis befinden und schließlich den Morgenkreis beenden.

Am Schluss sich gegenseitig wertschätzen, fördert das Selbstbewusstsein und Zugehörigkeitsgefühl, sodass sich bestimmt wieder alle riesig auf das nächste gemeinsame Treffen im Morgenkreis freuen.

Welches Team wird verabschiedet?

Alter: ab 3 Jahren

Material: –

Sozialform: Kleingruppe oder Großgruppe

Zeitaufwand: 2–3 Minuten

Schwerpunkt: Visuelle und auditive Wahrnehmung, Kommunikation und Wir-Gefühl

Spielverlauf:
Alle Kinder sitzen zusammen im Stuhlkreis.
Die Spielleitung schaut sich in der Gruppe um und benennt ein Merkmal, das für ein paar Kinder zutreffend ist, indem sie z. B. sagt:

„Welchem Team sagen wir ‚Tschüss!' hier im Kreis.
Alle die blonde Haare haben, gehen nun ganz leis'."

Daraufhin dürfen alle blonden Kinder sich ganz leise im Außenkreis direkt vor ihren Stühlen hinstellen. Die übrigen Kinder, die noch im Stuhlkreis sitzen, winken den Kindern zu. Danach ruft die Spielleitung auf die gleiche Weise ein weiteres Team auf, das sich noch im Stuhlkreis befindet und z. B. irgendein schwarzes Kleidungsstück trägt.
Erst wenn alle Teams im Außenkreis stehen, verabschiedet sich die Spielleitung von den Kindern, die dann ihre Stühle wieder zurück an die Tische stellen.

Variante:
Im Gegensatz zu dem vorherigen Spiel sitzen alle zusammen im Stuhlkreis. Die Spielleitung ruft ein Kind namentlich auf, das sich zwei bis drei weitere Kinder aussuchen darf, die mit ihm als Team den Kreis verlassen dürfen. Die übrigen Kinder winken dem gebildeten Team zum Abschied zu.
Danach ruft die Spielleitung ein weiteres Kind auf, das sich ebenfalls ein Team zusammenstellen darf, das mit ihm dann den Stuhlkreis verlässt.
Auf diese Weise geht's immer weiter, bis niemand mehr im Stuhlkreis sitzt.

Miteinander als Team den Morgenkreis beenden, kann nicht nur ein schönes Ritual, sondern auch eine gute Möglichkeit sein, um sich am Schluss gegenseitig noch einmal bewusst wahrzunehmen.

Ein runder Abschluss

Alter: ab 5 Jahren

Material: 1 großer Gymnastikball o. Ä.

Sozialform: Kleingruppe

Zeitaufwand: 2–3 Minuten

Schwerpunkt: Visuelle Wahrnehmung, Reaktion, Ausdauer, Kommunikation und Wir-Gefühl

Spielverlauf:
Eines der Kinder holt sich einen Gymnastikball und bildet mit den übrigen Kindern einen großzügigen Kreis.
Miteinander überlegen die Kinder, was ihnen heute bei ihrem linken Nachbarkind positiv aufgefallen ist, bevor sie sich schließlich von dem betreffenden Kind verabschieden. Dasjenige Kind, das gerade den Gymnastikball vor sich liegen hat, beginnt und sagt z. B.:

„Danke, dass du bei den Teamspielen so gut mitgemacht hast."

Während nun das Kind den Ball seinem linken Nachbarkind zurollt, verabschiedet es sich kurz von ihm. Das Kind nimmt den Ball und führt das Spiel auf die gleiche Weise nun mit seinem linken Nachbarkind fort.
Es geht so immer weiter, bis alle Kinder einmal den Ball erhalten haben und sich so schön von ihrem linken Nachbarkind verabschieden konnten.

Variante:
Eines der Kinder im Kreis holt sich den Gymnastikball. Die Spielleitung bedankt sich bei den Kindern für ihren tollen Einsatz. Danach darf das Kind den Ball irgendeinem Kind zurollen. Dabei sagt es laut und deutlich:

„Vielen Dank und Tschüss!"

Das betreffende Kind nimmt den Ball an sich und tut es ihm gleich, indem es den Ball einem anderen Kind zurollt und die Worte wiederholt.
Auf diese Weise werden auch die anderen Kindern irgendwann verabschiedet.

Ein großer runder Ball kann im Abschlusskreis die Stärken verdeutlichen, die den Kindern bei sich gegenseitig aufgefallen sind. Ziel ist es, dass die Kinder sich noch einmal an das erinnern, was mehr als rund gelaufen ist und somit ihr Herz erfreut.

Wir haben als Team viel gemacht

Alter: ab 3 Jahren

Material: –

Sozialform: Klein- oder Großgruppe

Zeitaufwand: 2–3 Minuten

Schwerpunkt: Visuelle und auditive Wahrnehmung, Kommunikation, Zugehörigkeits- und Gemeinschaftsgefühl

Spielverlauf:
Die Kinder stehen locker nebeneinander und nicht zu weit voneinander entfernt auf der Kreisbahn. Während nun die Spielleitung folgenden Text vorliest oder gar alle miteinander den Text aufsagen, macht jedes Kind Folgendes (kursiver Text):

Wir stehen im Team zusammen und haben viel gemacht.
Wir haben miteinander gespielt, gekämpft und gelacht.
Sich gegenseitig die Hände geben.

Wir haben gewonnen, verloren und sind immer noch da.
Wir halten fest zusammen und sagen zueinander laut „Ja!".
Sich gegenseitig loslassen und die Arme vor Freude in die Luft strecken.

Wir stehen im Team zusammen und müssen trotzdem gehen.
Tschüss! Wir werden uns bestimmt sehr bald wiedersehen!"
Sich gegenseitig die Hände geben und schließlich wieder loslassen,
um sich gegenseitig zuzuwinken.

Variante:
Das Spiel verläuft zunächst so wie oben beschrieben. Beim letzten Satz kann jedoch die Spielleitung eines der Kinder namentlich verabschieden, indem sie sagt:

„Tschüss ... *(Vornamen des betreffenden Kindes einsetzen)*! Wir werden uns bestimmt bald wiedersehen!"

Sich gegenseitig die Hände im Abschlusskreis reichen, tut gut und bekräftigt noch einmal das Wir-Gefühl, sodass alle mehr als zufrieden den Morgenkreis verlassen können.

Während nun das betreffende Kind den Kreis verlässt, wiederholt die Spielleitung den letzten Satz und benennt dabei ein weiteres Kind namentlich, das dann ebenfalls den Morgenkreis verlässt.
Das geht immer so weiter, bis alle den Abschlusskreis verlassen haben.

Zum Schluss wünsche ich mir ...

Alter: ab 4 Jahren

Material: –

Sozialform: Kleingruppe

Zeitaufwand: 3–4 Minuten

Schwerpunkt: Visuelle Wahrnehmung, Kommunikation, Reaktion, Ausdauer, Wir-Gefühl

Spielverlauf:

Die Kinder bilden einen Stuhlkreis und stellen sich in der Nähe vom Stuhlkreis auf.

Eines der Kinder beginnt und setzt sich in den Stuhlkreis. Es bittet ein anderes Kind herbei, das sich neben ihm auf den rechten Stuhl setzen darf.

Die beiden Kinder geben sich gegenseitig die Hände. Daraufhin darf das zweite Kind ein weiteres Kind in den Stuhlkreis bitten, das sich neben ihm hinsetzen darf.

Während sich nun alle drei Kinder im Stuhlkreis die Hände geben, benennt das neu hinzugekommene Kind ein weiteres Kind namentlich, das sich noch außerhalb des Stuhlkreises befindet.

Auf diese Weise geht's immer weiter, bis das letzte Kind im Kreis dem ersten Kind die Hand geben kann, sodass ein geschlossener Kreis entsteht.

Die Spielleitung teilt den Kindern, bevor sie alle verabschiedet, mit, was ihr heute in Bezug auf die Teamspiele im Morgenkreis besonders gut gefallen hat. Mit den positiven Erfahrungen im Gepäck verlassen die Kinder dann den Morgenkreis.

Variante:

Anders als im vorherigen Spiel beschrieben, darf immer dasjenige Kind, das gerade an der Reihe ist, nicht nur ein anderes Kind außerhalb des Stuhlkreises zu sich herbitten, sondern ihm auch sagen, was ihm heute im Morgenkreis besonders gut gefallen hat.

Sobald jedoch alle Kinder zusammen im Kreis sitzen, darf das zuletzt dazugekommene Kind sich von dem ersten im Kreis verabschieden und schließlich noch etwas Positives mitteilen. Dabei reicht es ihm die Hand, sodass ein geschlossener Kreis entsteht.

Sich voneinander im geschlossenen Kreis verabschieden, stärkt den Wir-Gedanken und steigert die Vorfreude auf den nächsten gemeinsamen Morgenkreis.

Am Ende verabschiedet sich die Spielleitung von den Kindern mit ein paar aufbauenden Worten, die sie begleiten sollen.

Wohlklingende Abschiedsworte

Alter: ab 5 Jahren

Material: 8–12 Chiffontücher, 1 Klangschale

Sozialform: Kleingruppe

Zeitaufwand: 3–5 Minuten

Schwerpunkt: Auditive Wahrnehmung, Kommunikation, Ruheerlebnis und Wir-Gefühl

Vorbereitung:
Die Spielleitung stellt eine Klangschale auf den Boden und ordnet um die Klangschale herum strahlenförmig die einzelnen Chiffontücher an.

Spielverlauf:
Die Kinder knien sich um die gelegte „Sonne“ herum.
Die Spielleitung beginnt und schlägt die Klangschale an. Kaum ist der Klang verklungen, flüstert ein beliebiges Kind seinem rechten Nachbarkind ein Abschiedsgruß ins Ohr. Danach schlägt das Kind, das das Spiel gestartet hat, die Klangschale an, sodass das zweite Kind sich genauso von seinem rechten Nachbarkind verabschieden kann. Während nun zweite Kind die Klangschale erklingen lässt, flüstert das dritte Kind seinem rechten Nachbarkind ein Abschiedswort ins Ohr.
Das Klangspiel ist aus, sobald alle Kinder sich rundherum still und leise verabschieden konnten.

Variante:
Die Spielleitung lässt in der Kreismitte ein paarmal kurz hintereinander die Klangschale erklingen. Sobald jedoch der Klang verklungen ist, beginnt eines von den Kindern seinem linken Nachbarkind einen Abschiedsgruß ins Ohr zu flüstern. Das betreffende Kind macht das Gleiche dann bei seinem linken Nachbarkind.
Auf diese Weise geht's immer weiter, bis sich alle Kinder der Reihe nach ganz leise im Uhrzeigersinn von ihrem Nachbarkind verabschieden konnten.

Indem die Kinder sich Zeit nehmen und dabei ganz entspannt und ruhig voneinander verabschieden, lernen sie sich gegenseitig wertzuschätzen und zu respektieren, sodass garantiert alle gerne wieder zusammenkommen.

Schnelle Abschlussrunde

Alter: ab 5 Jahren

Material: 1 Stoppuhr oder Uhr mit Sekundenzeiger

Sozialform: Kleingruppe

Zeitaufwand: 2–3 Minuten

Schwerpunkt: Visuelle Wahrnehmung, Kommunikation, Reaktion, Schnelligkeit, Zugehörigkeits- und Gemeinschaftsgefühl

Spielverlauf:

Die Kinder verschränken ihre Arme vor der Brust und sitzen nah beisammen im Abschlusskreis.

Eines von ihnen beginnt und gibt rasch seinem rechten Nachbarkind die Hand und sagt „Danke!". Das Kind wiederum macht es genauso bei seinem rechten Nachbarkind, sodass bald ein geschlossener Kreis entsteht. Die Spielleitung stoppt die Zeit.

In der nächsten Spielrunde soll das Ganze noch schneller funktionieren. Allerdings dürfen die Kinder sich jetzt gegenseitig „Tschüss!" sagen.

Am Ende stoppt die Spielleitung wieder die Zeit und ist gespannt, ob die Kinder nun noch schneller die Aufgabe erfüllen konnten.

Unabhängig davon, bedankt und verabschiedet sie sich von den Kindern, die dann aufstehen, um in Richtung Außenkreis zu gehen.

Variante:

Eines der Kinder geht in Richtung eines anderen, um es möglichst schnell per Handschlag zu bedanken. Das betreffende Kind steht auf und sucht sich ebenfalls ein Kind im Stuhlkreis aus, von dem es sich auf die gleiche Weise verabschiedet.

Nach jeder Spielrunde kommen immer mehr Kinder im Innenkreis hinzu.

Am Ende stoppt die Spielleitung die Zeit.

Im Anschluss daran verläuft alles genauso, jedoch dürfen die Kinder nun „Tschüss!" sagen und dabei versuchen, die zweite Spielrunde noch schneller zu beenden. Am Schluss verabschiedet sich die Spielleitung von den Kindern.

Sich der Reihe nach im Kreis möglichst schnell voneinander zu verabschieden, bringt Schwung in die Runde und ist dennoch eine gute Möglichkeit, um sich gegenseitig noch einmal bewusst wahrzunehmen. Auf diese Weise gehen die Kinder noch fröhlicher und entspannter aus dem Morgenkreis.

Ich wünsche …

Alter: ab 5 Jahren

Material: 1 dunkelfarbiges DIN-A3-Tonpapier z. B. in Dunkelblau, 1 weißer Wachsmalstift

Sozialform: Kleingruppe

Zeitaufwand: 3–4 Minuten

Schwerpunkt: Kommunikation, Konzertration, Geduld, Ausdauer und Zugehörigkeitsgefühl

Vorbereitung:
Die Spielleitung schreibt auf ein großes Tonpapier den Satzanfang

„Ich wünsche …"

Spielverlauf:
Alle sitzen zusammen im Kreis.
Eines der Kinder erhält das Tonpapier und kniet sich in die Kreismitte auf den Boden hin. Die Spielleitung liest den Satzanfang vor. Danach teilt das betreffende Kind der Gruppe mit, was es sich vielleicht für das nächste Mal wünschen würde. Danach übergibt es das Plakat einem anderen Kind, mit dem es den Platz tauscht. Daraufhin darf das neue Kind in der Kreismitte einen Wunsch mitteilen, sobald die Spielleitung wieder den Satzanfang vorgegeben hat.
Auf diese Weise können alle Kinder der Reihe nach ihre Wünsche äußeren.

Variante:
Die Kinder sitzen zusammen im Kreis.
Eines von ihnen erhält das Plakat und darf demjenigen Kind, das links neben ihm sitzt zum Abschied etwas Schönes wünschen. Dabei verwendet es den aufgeschriebenen Satzanfang. Das betreffende Kind nimmt dankend das Plakat an und wünscht auf die gleiche Weise seinem linken Nachbarkind etwas Gutes. Die Kinder kommen so im Uhrzeigersinn der Reihe nach dran.
Am Schluss verabschiedet sich die Spielleitung herzlich von den Kindern.

Am Schluss einen Wunsch hinsichtlich der nächsten Teamspiele im Morgenkreis zu äußern oder einfach einem anderen etwas Schönes zu wünschen, ist eine tolle Sache, bei der die Spielleitung auch besser einschätzen kann, was die Kinder vielleicht noch brauchen oder wie sie zueinander stehen.

Eine Blume zum Abschied

Alter: ab 3 Jahren

Material: 1 Blume und 1 Vase

Sozialform: Klein- oder Großgruppe

Zeitaufwand: 3–4 Minuten

Schwerpunkt: Visuelle Wahrnehmung, Kommunikation, Zugehörigkeits- und Gemeinschaftsgefühlt

Vorbereitung:
Die Spielleitung stellt eine Blume in eine Vase, die sie in der Kreismitte platziert.

Spielverlauf:
Alle sitzen zusammen im Kreis. Eines der Kinder verabschiedet sich von seinem linken Nachbarkind, indem es in Richtung Kreismitte geht und sich dann direkt neben der Vase hinkniet. Dabei sagt es z. B. laut:

„Ich schenke ... *(Vornamen des Kindes einsetzen)* eine Blume zum Abschied und freue mich auf ein Wiedersehen!"

Das betreffende Kind bedankt sich, geht in Richtung Kreismitte, um sich auf die gleiche Weise von seinem vorherigen linken Nachbarkind zu verabschieden. Währenddessen geht das erste Kind auf seinen Platz zurück. Das zweite Kind kniet sich dabei vor die Blumenvase hin.
Das geht so lange weiter, bis sich alle Kinder im Uhrzeigersinn mithilfe der Blume voneinander verabschieden konnten und auf dem Boden knien.
Zum Schluss dürfen die Kindern gemeinsam die Blume in die Hand nehmen und daran riechen, bevor sie schließlich auseinandergehen. Sollte es sich hierbei um eine Rose handeln, müssen die Kinder aufgrund der Stacheln besonders behutsam im Umgang mit der Blume sein.

Eine Blume zum Abschied ist eine nette Geste und zeigt den Kindern, dass sie in der Runde jederzeit herzlich willkommen sind. Auf diese Weise wird die Vorfreude auf weitere schöne Teamspiele im Morgenkreis gesteigert.

Variante:
Die Spielleitung bittet die Kinder, sich gegenseitig die Hände zu geben und sagt:

„Mit einer Blume verabschiede ich euch heute hier im Kreis.
Ich freue mich euch wiederzusehen, wie jeder von euch weiß."

Zum Schluss dürfen die Kinder der Reihe nach in Richtung Kreismitte gehen, um an der Blume zu riechen. Danach verlassen alle den Morgenkreis, um sich so gestärkt neuen Aufgaben zu widmen.

Am Schluss stark bleiben

Alter: ab 5 Jahren

Material: 1 rundes Faltpapier, 10 kleine Baumscheiben, ein paar Farbstifte, 1 rundes gelbes Faltblatt

Sozialform: Kleingruppe

Zeitaufwand: 3–5 Minuten

Schwerpunkt: Visuelle und auditive Wahrnehmung, Kommunikation und Teamgeist

Vorbereitung:
Die Spielleitung schreibt das Wort „Wir“ auf das gelbe Faltpapier, auf das sie zusätzlich ein freundliches Gesicht aufmalt. Sie stellt einen Stuhl in die Kreismitte, auf den sie das Faltpapier legt. Zudem holt sie zehn kleine Baumscheiben und ein paar Farbstifte.

Spielverlauf:
Sie benennt zehn verschiedene Fähigkeiten, die ihr auch bei den Kindern aufgefallen sind und für jedes Team wünschenswert sind. Sie schreibt die Stärken vor den Augen der Kinder auf jede Baumscheibe auf, oder verwendet einfach die beschrifteten Baumscheiben von dem Spiel „Team Lichter“ (s. S. 102), die jeweils ein Kind, das sie namentlich benennt, um das Gesicht aus Papier herum legt.
Am Ende stellen sich die Kinder um den Stuhl herum. Miteinander dürfen sie auf Anweisung der Spielleitung hin den Stuhl so in die Luft heben, dass nichts vom Stuhl auf den Boden fällt. Sobald alle das Vorhaben schaffen, sagt die Spielleitung laut:

„Ihr seid ein starkes Team und werdet euch wiedersehen.
Bis dahin sage ich ‚Tschüss!‘. Alle werden jetzt gehen.“

Daraufhin verlassen alle Kinder den Morgenkreis.

Variante:
Die Spielleitung teilt die beschrifteten Baumscheiben aus. Die Kinder, die eine Bauscheibe in den Händen halten, legen diese auf Zuruf der Spielleitung auf die

„Indem die Kinder sich am Schluss noch einmal auf ihre Stärken besinnen, wird ihnen bewusst gemacht, was für ein tolles Team sie im Morgenkreis gewesen sind und auch beim nächsten Mal wieder sein können.

Sitzfläche des Stuhles hin, der in der Kreismitte steht. Dabei liest sie jedes Mal das, was auf der Baumscheibe steht, laut vor. Danach stellen sich alle Kinder um den Stuhl herum, den sie vorsichtig anheben. Miteinander gehen sie nun einmal im Uhrzeigersinn herum und zwar so, dass die Baumscheiben vom Stuhl nicht auf den Boden fallen.

Unabhängig davon sagt die Spielleitung zum Abschied die o. g. Sätze.

Anhang

Register

Literatur

Erkert, Andrea (2007): Das Kreisspiele Buch: Temporeiche und ruhige Spielideen für alle Gelegenheiten. Aachen: Ökotopia

Erkert, Andrea (2010): Das Stuhlpreisspiele-Buch: Bewegte und ruhige Spielideen zu jeder Zeit und zwischendurch. Aachen: Ökotopia

Erkert, Andrea (2014): Im Kreis spielen & lernen: 111 Kreisspiele zu den neuen Bildungsanforderungen. München: Don Bosco

Erkert, Andrea (2020): Lasst uns an einem Strang ziehen: Teambuilding-Spiele für Kinder im Alter von 5 bis 8 Jahren. Dortmund: verlag modernes lernen

Erkert, Andrea (2008): So verstehen wir uns gut! Kooperative Spiele für Vorschulkinder. Freiburg im Breisgau: Herder.

Erkert, Andrea (2009): Streiten, helfen, Freunde sein: Spiele, Lieder und anregende Angebote zur Förderung von Toleranz, emotionaler und sozialer Kompetenz in Kindergarten und Grundschule. Aachen: Ökotopia.

Faller Kurt & Faller Sabine (2013): Kinder können Konflikte klären: Mediation und soziale Frühförderung im Kindergarten – ein Trainingshandbuch. Aachen: Ökotopia

Orlick, Terry (2007): Zusammen spielen – nicht gegeneinander! 150 kooperative Spiele für Kinder. Mülheim an der Ruhr: Verlag an der Ruhr

Pfeffer, Simone (2017): Sozial-emotionale Entwicklung fördern: Wie Kinder in der Gemeinschaft stark werden. Freiburg im Breisgau: Herder

Portmann, Rosemarie (2012): Die 50 besten Spiele für ein faires Miteinander. München: Don Bosco

Portmann, Rosemarie (2008): Die 50 besten Spiele für mehr Sozialkompetenz. München: Don Bosco.

Stockert, Norbert (2013): Die 50 besten Kooperationsspiele. München: Don Bosco.

Wierz, Jakobine (2011): Kinder werden eine Gruppe: Gruppenentwicklung spielerisch fördern, unterstützen und begleiten. Aachen: Ökotopia

Über die Autorin

Andrea Erkert ist Erzieherin, Entspannungspädagogin und Fachlehrerin einer Grundschulförderklasse in der Nähe von Stuttgart und verfügt über mehrjährige Berufserfahrung als Leiterin einer 5 gruppigen Kita. Seit über 30 Jahren bietet sie im In- und Ausland praxisnahe Workshops und Elternabende in Kindergärten und Grundschulen zu verschiedenen pädagogischen Themen an. Die Autorin hat bereits zahlreiche spielpädagogische Bücher veröffentlicht, von denen die meisten in mehreren Sprachen übersetzt wurden. Inzwischen gehören ihre Veröffentlichungen zur Standardausstattung vieler Kinderkrippen und Kindergärten und werden auch in Horten und für den Anfangsunterricht häufig eingesetzt.

Sie können Andrea Erkert für Workshops und Elternabende u. a. zu dem Thema „Teamfähigkeit fördern" in Ihren Kindergarten oder in Ihre Schule einladen:

andrea.erkert_florida-sun@t-online.de
Tel.: 07191 908357
Mobil: 0151 18533976

Raum für Notizen

Raum für Notizen

Raum für Notizen

Raum für Notizen

Raum für Notizen

Raum für Notizen

Raum für Notizen

Ausgezeichnete Bücher für Ihre Praxis ...

Mariele Diekhof

Kita KITOPIA

Eine Reise ins Land der spannenden Pädagogik für PädagogInnen und Eltern
Ein Abenteuer-Fachroman der ganz besonderen Art

Dieses Buch beschreibt in faszinierend ungewohnter Art und Weise, wie gute Pädagogik in Kitas gelingen kann: mit erfolgreicher Bildungsarbeit, fernab vom Überaktionismus und der allgemein verbreiteten Angebotspädagogik. Es ist eine Einladung zu einer abenteuerlichen und spannenden Reise, die in ein aufregendes Land führt, in ein Land voller Phantasie, Zauberei, Bildung und Lebenslust. Alles spielt in der „KITOPIA", in einer virtuellen Kita, in der die Kinder Kind sein dürfen und von herzlichen und professionellen ErzieherInnen begleitet werden. Das Buch schenkt unzählige Einblicke hinter die Kulissen, weckt die Neugier und eröffnet völlig neue Denkansätze.

die deutschen bücher shortlist 2016

24 Türen warten darauf geöffnet zu werden: Hinter jeder Tür verbergen sich bunte Bilder, Begegnungen und inspirierende Geschichten, die zum Staunen, Lachen und Nachdenken anregen. Die Leser werden kleinen und großen Menschen begegnen, von ihren Träumen, Wünschen und Visionen erfahren und sie im alltäglichen Tun begleiten. Sie sind mittendrin im pulsierenden Alltag, spüren die Lebenslust und die Leichtigkeit.

(2016 in der Shortlist der Stiftung Buchkunst, als eines der schönsten Bücher Deutschlands.)

„Freiheit, Abenteuer, Lebenslust statt Förderwahn und Leistungsfrust! Es gibt noch viele interessante Ideen in dem Buch, z.B.: Die Tür zum Büro der Leitung, Die Tür zur Kinderkonferenz, Die Tür zur Eltern-Klön-Ecke. Ich bin so begeistert von diesem Konzept, dass ich jedem nur empfehlen kann, das Buch zu lesen und zu spüren, wie viel Leichtigkeit und Spaß die Arbeit in einem Kindergarten beinhalten kann." Britta Fichert, Theraplay – Schwierige Kinder Journal

„Es ist wohltuend, in der aktuellen Menge frühpädagogischer Literatur genau dieses Buch in den Händen zu halten. Es theoretisiert nicht herum, konzentriert sich von Anfang an auf die Praxis, folgt keinen dogmatischen Pädagogiktrends, läuft keiner bildungspolitischen Strömung hinterher und bringt stets das Wesentliche, ohne Umschweife, auf den Punkt." Dr. Armin Krenz, KiTa aktuell

4. Aufl. 2021, 320 S., zweifarbig, Format 16x23cm, Klappenbroschur

Isolde Albers / Anja Reincke

Zwei kleine Kreise gehen auf die Reise ...

Mal-Reime: Wie Hand und Mund sich helfen – Mit kognitiven Strategien und Kreativität zum Erfolg

Dies ist ein Buch für alle, die Kinder und Enkelkinder zum Malen verführen wollen. Das Besondere der Mal-Reime ist, dass zeitgleich gesprochen und gemalt wird. So entsteht Schritt für Schritt „mit Hand und Mund" ein schönes Bild, das mit Phantasie und Kreativität weiter ausgeschmückt werden kann. Ein wunderbares Buch, das kleine und große Künstler erfolgreich und stolz machen wird. Spaß und Freude am Prozess und am Ergebnis der Mal-Reime sind garantiert!

„Die Zeichnungen und Texte sind ganz einladend, ansprechend und liebevoll gestaltet. Da bekommt man sofort Lust loszuzeichnen!!! So ein Buch hat uns wirklich gefehlt. Endlich einmal sinnvoll und nicht so langweilige Grafomotorikblätter ..." Britta Winter, Ergotherapeutin

„Meine Enkelin (3) und ich haben einen Riesenspaß mit den 'Strich-Malereien'. Mein Sohn (Logopäde) ist ebenfalls begeistert." Leserstimme

„Ich bin begeistert von diesem Buch! Schon lange habe ich mir so etwas gewünscht. Herzlichen Dank den Autorinnen!" Erzieherin

3. Auflage 2019, 116 S., farbige Abb., Format DIN A4, Ringbindung, Alter: 4-99, **ISBN 978-3-8080-0734-1 | Bestell-Nr. 1606 | 18,80 Euro**

Ursula Hahnenberg / Daniela Diephaus

Das große Förder-Spiele-Buch 1

2-4 Jahre

Eltern, Erzieher und Therapeuten haben ein gemeinsames Ziel: sie wollen Kinder optimal auf die vielfältigen Anforderungen, mit denen sie heute täglich konfrontiert werden, vorbereiten. In diesem Buch werden fachkundig und verständlich Spiele, Basteleien und Beschäftigungsmöglichkeiten aufgezeigt, mit denen Wahrnehmung, Grob- und Feinmotorik, Kognition, Kreativität, Sprache und Persönlichkeit gefördert werden. In diesem ersten Teil werden einfache und kostengünstige Ideen für Kinder ab 2 Jahren vorgestellt, die ergotherapeutisch kommentiert und in der Praxis erprobt sind. Übersichtliche Darstellungen helfen dabei, schnell die richtige Beschäftigung für jede Gelegenheit zu finden. Ein unentbehrlicher Ideenratgeber für ErzieherInnen, TherapeutInnen und die ganze Familie!

„Das Buch ist meiner Meinung nach ideal geeignet für Eltern mit Kindern zwischen 2-4 Jahren. Alle Spiel- und Beschäftigungsideen kann man mit sehr geringem Material- und Zeitaufwand umsetzen.

Für alle Eltern, angehende Erzieherinnen und Krippenpersonal kann das Buch durch die Fülle und die Angebotsbreite eine sehr sinnvolle Ideensammlung sein." Daniela Pfaffenberger, Erzieherin

3. Aufl. 2019, 176 S., farbige Abb., 16x23cm, Klappenbroschur, Alter: 2-4
ISBN 978-3-938187-68-5 | Bestell-Nr. 9417 | 16,95 Euro

verlag modernes lernen

Schleefstraße 14, D-44287 Dortmund
Telefon 02 31 12 80 08, Fax 02 31 12 56 40
E-Mail: info@verlag-modernes-lernen.de
Leseproben und Bestellen im Internet: www.verlag-modernes-lernen.de